WUYEGUANLIZHUANYE

全国高等职业技术院校**物业管理专业**教材

许文芬　主编

物业管理实务

人力资源和社会保障部教材办公室组织编写

中国劳动社会保障出版社

图书在版编目(CIP)数据

物业管理实务/许文芬主编. —北京：中国劳动社会保障出版社，2013
全国高等职业技术院校物业管理专业教材
ISBN 978-7-5167-0181-2

Ⅰ.①物… Ⅱ.①许… Ⅲ.①物业管理-高等职业教育-教材 Ⅳ.①F293.33

中国版本图书馆 CIP 数据核字(2013)第 059548 号

中国劳动社会保障出版社出版发行
（北京市惠新东街 1 号 邮政编码：100029）
出 版 人：张梦欣
*
北京谊兴印刷有限公司印刷装订 新华书店经销
787 毫米×1092 毫米 16 开本 12 印张 255 千字
2014 年 1 月第 1 版 2020 年 6 月第 3 次印刷
定价：23.00 元

读者服务部电话：（010）64929211/84209101/64921644
营销中心电话：（010）64962347
出版社网址：http://www.class.com.cn
http://zyjy.class.com.cn

前　言

近年来，随着国民经济的发展和城市建设的加快，我国物业管理行业进入了一个新的发展阶段，物业企业的运营模式、服务流程、管理质量等不断向标准化、专业化、信息化的方向发展。为了适应物业管理行业的发展，满足学校培养企业所需技能型人才的需要，我们组织一批教学经验丰富、实践能力强的教师与行业、企业的专家，在认真分析物业企业岗位需求和完善课程教学方案的基础上，开发了全国高等职业技术院校物业管理专业教材。

本次开发的教材包括《物业管理基础》《物业公共关系与礼仪》《物业管理法规应用》《物业管理实务》《物业环境管理》《房屋维修与管理》《楼宇智能化系统使用与维护》《物业信息系统操作技术》《物业设施设备维护与管理》《物业招投标管理》《物业经营》和《物业服务方案设计与制作》。

在教材开发工作中，我们坚持了以下原则：

第一，从职业岗位分析入手，合理构建教材的知识和技能结构，注重对学生实践能力和工作能力的培养，突出教材的职业特色。

第二，根据物业管理行业的发展现状，尽可能多地在教材中体现新的管理理念、服务模式和技术设备，充分体现教材的先进性，突出教材的时代特色。

第三，教材内容力求涵盖助理物业管理师国家职业标准的相关要求，突出职业资格证书与学历证书并重的精神。

第四，在教材编写方面，力求文字表达通俗易懂，并尽量采用以图代文、以表代文的表现形式，激发学生的学习兴趣，突出教材的易读性。

本套教材的编写得到了有关省市人力资源和社会保障部门、教育部门以及一批高等职业技术院校的大力支持，教材的编审人员做了大量的工作，在此表示衷心的感谢！同时，恳切希望广大读者对教材提出宝贵的意见和建议，以便修订时加以完善。

人力资源和社会保障部教材办公室

简　介

本书为国家级职业教育规划教材，由人力资源和社会保障部教材办公室组织编写。

本书根据高等职业技术院校物业管理专业的教学实际编写，重点讲述了物业企业典型业务管理项目的操作流程和实用技巧，主要内容包括：物业早期介入与承接查验、物业入住服务与装修管理、物业环境管理、物业房屋及附属设备设施管理、物业安全管理、物业服务费管理、物业常用文书撰写与档案管理、物业综合经营管理与社区文化建设等。

本书由许文芬担任主编，王堃、宋运霞担任副主编，张凤岭、段永军、关红丽参加编写。

目　录

第一章　物业早期介入与承接查验

第1节　物业的早期介入

对于一项物业来说，存在着开发—经营—管理三个阶段。从形式上看，物业管理是对物业的使用管理。因此，只要在物业交付使用时介入即可，并且很多物业服务企业也是这样做的。然而，从物业管理实践来看，并非如此简单。开发设计是各物业辖区能否形成完整、舒适、便利的功能区域的先天制约因素，已往开发商在规划设计中只考虑了房屋及配套设施建造时的方便和节约，而忽略了房屋建成后管理方面的因素，出现了诸如没有管理用房，泊车位不够，住房使用功能不全，建筑物内的管线布局不利于日后的维修和养护，配套设施缺乏等问题。这种整体布局上的先天性缺陷既使业主和使用者时有抱怨，又增加了物业管理工作的难度，许多问题难以解决和弥补，激化了业主与物业服务企业间的矛盾。

如果在物业的规划设计阶段就选择物业服务企业介入，充分利用物业服务企业使用和管理物业的丰富经验及专业知识，对规划设计提出建议和意见，对于发挥物业的最大价值具有重要意义。

一、早期介入的含义

物业管理的早期介入是指物业服务企业在接管物业之前，就参与物业的策划、规划设计和建设，从业主、使用者及物业管理的角度提出意见和建议，以便物业建成后能满足业主、使用者的需求，便于进行物业管理。

二、早期介入的作用

1. 有利于优化设计

随着社会经济的发展，人们对物业的品质和环境要求越来越高，这使得建设单位在开发过程中除了要执行国家有关技术标准外，还应考虑到物业的功能、布局、造型、环境以及物业使用者的便利、安全和舒适等因素。物业服务企业可从业主（或物业使用者）及日后管理的角度，就房屋设计和功能配置、设备选型和材料选用、公共设施配套等方面提出建议，使物业的设计更加优化、完善。

2. 有利于提高工程质量

在物业的建设过程中，物业服务企业利用自身优势帮助建设单位加强工程质量管理，及时发现设计、施工过程中的缺陷，提前防范质量隐患，使工程质量问题在施工过程中及时得到解决，避免在日后使用中再投入额外的资金和精力，从而减少浪费，提升物业品质。

3. 有利于了解物业情况

对物业及其配套设施、设备的运行管理和维修、养护是物业管理的主要工作之一，要做好这方面的工作，必须对物业的建筑结构、管线走向、设备安装等情况了如指掌。物业服务企业可以通过早期介入，如对于图样的改动部分做好记录，对设备安装、管线布置尤其是隐蔽工程状况进行全过程跟踪等，充分了解所管物业的情况，从而在日后的管理中做到心中有数，便于"对症下药"。

4. 有利于为前期物业管理做好充分准备

物业服务企业可利用早期介入的机会，逐步开展制定物业管理方案和各项规章制度、进行机构设计、招聘人员、实施上岗培训等前期物业管理的准备工作，便于物业移交后物业管理各项工作的顺利开展。同时，通过在早期介入过程中与各方面的磨合，理顺与环卫、水电、通信、治安、绿化等部门之间的关系，为日后管理建立畅通的沟通渠道。

5. 有利于提高建设单位的开发效益

早期介入是物业服务企业从物业开发项目的可行性研究开始到项目竣工验收的全程介入，建设单位可以得到物业服务企业的专业支持，开发出市场定位准确、功能使用考虑周全、业主满意的物业，促进物业的销售。同时，建设单位还可以通过引入高水平的物业管理咨询提升自身的品牌。

三、早期介入的形式和工作内容

物业管理在物业建设与使用中的工作按时间顺序可分为以下几个阶段：房地产项目的立项阶段（项目可行性研究阶段）；规划设计阶段；建设阶段；竣工验收阶段；销售阶段。

1. 项目可行性研究阶段

（1）介入形式

向物业建设单位及其聘请的专业机构提供专业咨询意见，同时，对未来的物业管理进行总体策划。

（2）工作内容

1）根据物业建设成本及目标客户群的定位确定物业管理的模式。

2）根据规划和配套确定物业管理服务的基本内容。

3）根据目标客户情况确定物业管理服务的总体服务质量标准。

4）根据物业管理成本初步确定物业管理费的收费标准。

5）从物业建设单位的角度出发，设计出与客户目标相一致的建立在合理性价比之上的物业管理框架性方案。

（3）注意事项

在此阶段除对物业档次定位外，还要考虑物业的使用成本；物业管理的模式要与业主的生活水准、文化需求相一致；要完成此阶段物业管理的工作，需要对市场准确把握和深刻认识，同时具备知识面广、综合素质高、策划能力强的高级人才。

2. 规划设计阶段

（1）介入形式

参与各项规划设计的讨论会，并从使用、维护、管理、经营以及未来功能的调整和保值、增值等角度，对设计方案提出意见或建议，此时介入的物业服务企业应站在潜在业主的角度上看待和分析问题。

（2）工作内容

1）就物业的结构布局、功能方面提出改进建议。

2）就物业环境设计，配套设施的合理性、适应性及细节提出意见或建议。

3）提供设备和设施的设置、选型及服务方面的改进意见。

4）就物业管理用房等公共配套建筑、场地的设置、要求等提出意见。

（3）注意事项

1）在此阶段提出的意见或建议要贯彻可行性研究阶段所确定的物业管理总体设计规划的内容和思路，保证总体思路的一致性、连贯性和持续性。

2）一定站在已确定的目标客户的角度上来看待和考虑问题，尤其要将设计与将来的使用、维护和建设以及使用成本、目标客户的需求、经济承受力相结合，这样才能将业主、物业建设单位与物业服务企业的目标利益统一起来。

3）所提的意见及建议应符合有关法律、法规及技术规范的要求。

3. 建设阶段

（1）介入形式

此阶段主要是派出工程技术人员进驻现场，对建设中的物业进行观察、了解、记录，并就有关问题提出意见和建议。

（2）工作内容

1）就施工中发现的问题与建设单位和施工单位共同磋商，及时提出并落实整改方案。

2）配合设备安装，现场进行监督，确保安全和质量。

3）对内外装修方式、布局、用料及工艺等从物业管理的角度提出意见。

4）熟悉并记录基础及隐蔽工程、管线的铺设走向，特别是设计中及今后竣工资料里没有反映的内容，从而为以后的物业管理打下良好的基础。

（3）注意事项

1）在此阶段介入的物业服务企业是站在开发商和潜在业主的角度对施工进行监理，但此时物业服务企业并不是建设监理的主体或主要授权人及责任人。因此，既要对质量持有认真的态度，又要注意方式和方法。

2）要特别强调记录的作用，这种记录一方面为今后的物业管理提供了宝贵的资料；另一方面的重要作用是：当有些施工中的问题或隐患经物业服务企业提出整改建议，但由于某些原因没有进行改进，此时完善的记录和相应的证据在将来这样的隐患发生时，对分清物业管理与建设、施工、安装单位的责任非常有利。

4. 销售阶段

（1）介入形式

此阶段物业服务企业介入的形式多种多样，物业服务企业派出的人员及投入的力度都较大。

（2）工作内容

1）销售前

①物业管理整体策划落实成完整、详细的物业管理方案及实施进度表。

②确定物业管理的外部制度，如各类公共管理规定、房屋公共场地及场所的管理规定。

③明确各项费用的收费标准及收费办法，必要时履行各种报批手续。

④起草并确定《前期物业管理协议》。

⑤对物业管理在销售中的活动进行计划与安排。

⑥根据实际情况采取公开招标的方式确定前期物业服务企业。

2）销售中

①派出现场咨询人员，在售楼现场为客户提供咨询服务，一方面使购房者对物业管理有较具体的了解；另一方面也可以了解并统计分析潜在业主对物业管理的要求、意见等。

②可以印发有关资料和制度，以加深业主对未来物业管理的认识并明晰物业管理的消费内容和金额，将各项收费的用途和管理办法公开化、透明化。

③已确定的前期物业服务企业可以采取各种方法宣传并展示未来物业管理的状况。

④督促物业建设单位与业主签订《前期物业管理协议》。

3）销售后。将前期全部物业管理早期介入的资料、记录、方案等，连同在销售中收集的情况和分析结论，整理后移交给前期物业服务企业，如果早期介入与前期管理是一家企业，也应整理资料后准备成立管理处，并进行承接查验的前期准备工作。在此期间的竣工验收、早期介入及前期管理物业服务企业都应参加。

（3）注意事项

1）有关物业管理的宣传及承诺，包括各类公共管理制度和公共场地的使用规定，一定要合法，同时要实事求是，根据物业管理的整体策划和方案来进行，不应为了销售而夸大其词，乱承诺无论是对物业服务企业还是物业建设单位都是不智之举。

2）售楼阶段对物业管理所做的承诺以及咨询期间大多数业主反映和关注的物业管理服务，应作为对前期物业管理的基本要求，一定要达到。另外还应注意，对公共制度和公共秩序的规定也应建立在以现实的收费情况下物业管理所能达到的服务水准的基础之上。避免由于对业主要求过高，而产生物业服务企业的管理水平和管理措施跟不上的情况。

3）在销售过程中对未来物业服务企业的宣传以及未来物业管理所带来的生活方式具有很多的表现手段和操作手法。尺度把握准确，方法适用得当，会给销售工作以很大的促进，给物业建设单位带来丰厚的回报。

销售工作中物业管理的介入，既是前期物业建设和物业管理理念的延伸，也正式确定了以后物业管理的主要内容和要求，起到了承前启后的作用，在此阶段之后，物业管理的早期介入将逐渐向前期物业管理过渡。因此，该阶段的工作效果既是对前期工作（特别是物业管理总体策划）效果的验证，也会对今后的物业管理活动产生深刻的影响，故应认真对待，足够重视。

案例

某物业项目位于粤西的一个沿海城市，开发规模较大，总建筑面积达 40 余万 m^2，是当地最大的住宅建设项目，因此，备受当地居民和政府的关注。整个项目分三期建设，第一期为经济适用房，同时被列为该市重点工作，整个小区建设申报国家康居示范工程小区。该物业建设单位前期已开发过多项物业项目，自己组建了物业服务企业，为把这个项目建设好、经营好，该物业建设单位拟聘请有经验的物业服务企业担任项目的物业管理顾问，帮助解决早期介入的物业管理问题。其制订的早期介入工作计划和工作方案内容汇总如下：

一、项目论证阶段的介入内容和效果

在该项目的论证阶段，物业服务企业就参与了工作并就该物业的市场定位、物业管理的基本思路和框架、物业管理的运作模式发表了意见，并得到物业建设单位的采纳。

1. 考虑到整个工程项目的状况，第一期属经济适用房，消费者大多属于中低收入阶层，在市场定位上除合理控制建设成本外，还应考虑降低物业管理成本。按此思路，第一期的绿化率可以低一些，设备选型可以便宜一些；而第二期、第三期由于消费者为中高收入阶层，绿化率要高，设备选型要好。

2. 对整个项目的配套设施建设提出了意见，重点考虑配套设施的布局，既要便于未来业主的使用，又要防止对业主的生活产生影响和干扰。

3. 提出了人车分流的概念，这在该地属于新的提法，也是以后项目销售的亮点。

4. 确定了物业管理早期介入和前期管理的时间、方式和工作内容，明确了各配合方之间信息沟通的渠道，确定了分阶段物业管理的目标和要求。

实践证明，这几条意见和建议对物业建设单位是非常有益的帮助，使之市场定位更加准确，性价比更为合适，在第一期销售过程中的良好业绩证明了这些。

二、规划设计阶段的介入内容

在规划设计阶段，物业服务企业参加了多次论证会，就规划方案提出了多项建议，并得以采纳，也受到了业主的好评。

1. 考虑到项目较大、分期开发的情况，建议在方案设计时采用分组团的布局，且各组团相对独立和封闭。这样有利于按服务对象的不同提供不同的服务内容，确定不同的收费标准，满足不同层次的消费者的需求。

2. 对智能化系统的设计、商业配套设施的建设、中心会所及休闲区域的布局、幼儿园的安置、会所功能的设置等提供了主导意见。由于物业服务企业在实际运作方面有丰富的经验，深得建设单位和业主的好评。

3. 就物业管理的条件在规划设计时予以落实，不仅明确了办公用房，还落实了物业管理人员宿舍、食堂、休息室、仓库以及清洁车的停放场地等。

4. 此阶段根据前期物业管理总体策划方案的思路，进行了详细的物业管理方案的制定和实施进度表的确定，包括人员的编制及招聘、培训计划、费用测算等，这些都得到了建设单位的支持和认可。

三、建设阶段的介入内容

在建设阶段，物业服务企业跟踪了整个过程，召集或参与了多次专题讨论会，其中一次提出了18项整改意见，这些意见大部分都在建设中被采纳，典型的介入内容如下：

1. 对生活垃圾堆放、清运和处理方式提出了具体要求，要求设立足够的垃圾桶放置位置，要硬底化，同时要便于清洗。

2. 楼梯道大门的安排既要便于安装对讲系统，又要便于安装集合信报箱，还要注重美观、实用和便于维修。

3. 在绿化带施工时，首先要考虑浇水管道的铺设，否则又要返修，造成浪费。

4. 在施工过程中发现部分基础没有做好，而该区属填海区，易发生不均匀沉降，如果发生这种情况，此处的管网就会发生断裂。建议予以重新施工。

5. 督促物业建设单位将一些特殊的装饰材料留出一部分，以便于物业管理的维修和更换，如一些彩色地砖、镀膜玻璃、涂料等。

6. 对招聘的物业管理人员进行培训，并组织编写各类文件和规章制度，建立对内、对外关系的工作程序和工作要求，起草管理规约、装修管理规定和物业管理中涉及的文件资料。

7. 与物业建设单位一起，同供电公司、自来水公司、煤气公司等相关部门协调，确定相应的管理方式和收费标准。

四、销售阶段的介入内容

1. 在销售前，将物业管理方案整理并全面完成，将许多涉及业主买房应知的内容以书面文件的形式确定下来。

2. 销售前对售楼人员进行系列的物业管理培训，使他们对物业管理的基本概念和基本知识有所了解，对将来该小区的物业管理内容和模式有统一的理解。

3. 在售楼现场设立了专职的物业管理咨询人员，接受购房者的咨询，这种咨询和宣传沟通起到了很好的效果，避免了物业建设单位对物业管理的乱承诺，也使未来业主对物业管理有了信心，增加了购买的欲望。

4. 为使业主或未来业主对物业管理有所了解，在销售时，就让已招聘的部分物业管理人员（如清洁人员、保安人员、绿化人员等）上岗，他们的规范化工作更使得业主对物业管理的印象加深。

思考与练习

1. 什么是早期介入?
2. 早期介入对物业的建设及管理有什么作用?
3. 简述物业服务企业在物业规划设计阶段的介入形式和工作内容。
4. 某物业项目总建筑面积达 15 万 m^2，为某市核心商业区的开发项目，整个项目分两期建设，试制订早期介入工作计划和方案。

第 2 节 物业的承接查验

物业的承接查验是物业服务企业在接管物业前必不可少的重要环节，是一项技术难度高、专业性很强的工作，又事关开发商、施工企业、业主及物业服务企业的责、权、利，是物业服务企业在接管物业前发现隐患、规避风险的机会。因此，必须掌握承接查验的程序、内容，保证验收质量。

一、物业承接查验的含义

物业承接查验是指承接新建物业前，物业服务企业和建设单位按照国家有关规定和前期物业服务合同的约定，共同对物业共用部位、共用设施及设备进行检查和验收的活动。

二、物业承接查验的作用

1. 明确交接双方的责、权、利关系

通过承接查验和接管合同的签订，实现权利和义务的转移，在法律上界定清楚各自的义务和权利。

2. 确保物业具备正常的使用功能，充分维护业主的利益

通过物业服务企业的承接查验，能进一步促使开发企业或施工企业按标准进行设计和建设，减少日后管理中的麻烦和开支。同时，能够弥补部分业主专业知识的不足，从总体上把握整个物业的质量。

3. 为日后管理创造条件

通过承接查验，一方面，使工程质量达到要求，减少日常管理过程的维修、养护工作量；另一方面，根据接管中的有关物业的文件资料，可以摸清物业的性能与特点，预防管理中可能出现的问题，计划并安排好各项管理工作，发挥社会化、专业化、现代化的管理优势。

三、物业承接查验的准备

1. 人员准备

在接到承接查验通知后，企业各相关部门应立即按照要求成立物业承接查验小组。承接查验小组应当由企业以下部门的人员组成：

（1）从办公室抽调档案管理文员负责接管物业的产权、工程、设备资料的验收移交工作。

（2）从公共关系部抽调人员负责业主资料的验收移交以及协助楼宇的验收移交工作。

（3）从工程部抽调人员具体负责房屋本体、公共设施和机电设备的验收移交工作。

2. 资料准备

所需准备的资料包括国家有关技术标准及规范资料。其中图样包括该物业的设计图和施工图，特别是隐蔽工程的图样及施工现场记录等，根据设计图和施工图，派承接查验小组的工程技术人员到物业现场勘察，为承接查验工作的开展打好基础。

针对该物业查验的内容设计一些查验记录的表格，如房屋承接查验表、公共配套设施承接查验表、机电设备承接查验表、室内承接查验遗留问题统计表、机电设备承接查验遗留问题统计表、承接查验问题整改表等。

四、物业承接查验的方式

物业管理的承接查验主要以核对的方式进行，在现场检查、设备调试等情况下还可采用观感查验、使用查验、检测查验和试验查验等具体方式进行检查，见表1—2—1。

表1—2—1 物业承接查验的方式

查验方式	具体描述
观感查验	观感查验是指对查验对象外观的检查，一般采取目视、触摸等方法进行
使用查验	使用查验是指通过启用设施或设备来直接检验被查验对象的安装质量和使用功能，以直观地了解其符合性、舒适性和安全性等
检测查验	检测查验是指通过运用仪器、仪表、工具等对检测对象进行测量，以检测其是否符合质量要求
试验查验	试验查验是指通过必要的试验方法（如通水、闭水试验等）测试相关设施、设备的性能

五、物业承接查验的类型和方法

物业承接查验的程序及内容分为新建物业的承接查验和原有物业的承接查验。

1. 新建物业的承接查验

（1）新建物业承接查验的程序

1）建设单位书面提请接管单位，即物业服务企业承接查验，并提交相应的资料。

2）接管单位按照承接查验标准，对建设单位提交的申请和相关资料进行审核，对具备条件的，应在15日内签发验收通知并约定查验时间。

3）物业服务企业会同建设单位按照承接查验的主要内容和标准进行查验。

4）对查验过程中发现的问题，按质量问题的处理办法处理。

5）经检验符合要求的物业，物业服务企业应在7日内签发查验合格凭证，签发接管文件。

（2）新建物业承接查验的主要内容

1）物业资料。在办理物业承接查验手续时，物业服务企业应查验并接收下列资料：

①竣工验收资料。包括竣工总平面图，单体建筑、结构、设备竣工图，配套设施、地下管网工程竣工图，分户验收等竣工验收资料。

②技术资料。包括设施、设备的安装、使用、维护和保养等资料。

③物业质量保修文件和物业使用说明文件。

④业主名册。

⑤物业管理必需的其他资料。如物业的规划、建设的有关资料，有关房屋、土地权属的资料，工程验收的各种签证、记录、证明，与供水、供电部门签订的合同或协议等。

2）物业现场查验。

①物业共用部位的查验。主要包括主体结构及外墙、屋面；共用部位楼面、地面、内墙面、天花板、门窗等；公共卫生间、阳台；公共走廊、楼道及其扶手、护栏等。

②物业共用设施和设备的查验。主要包括高、低压配电系统，电气照明系统，防雷与接地系统，给水、排水系统，电梯系统，消防水系统，通信网络系统，火灾报警及消防联动系统，排烟送风系统，安全防范系统，采暖和空调系统等。

③物业管理区域环境的查验。主要包括园林植物（如花卉、树木、草坪、绿篱、花坛等）和园林建筑（如小品、花架、园廊等）；物业大门、值班岗亭、围墙、道路、社区活动中心（会所）、停车场（库、棚）、游泳池、运动场地、物业标志、垃圾屋及中转站、休闲娱乐设施、信报箱等。

2. 原有物业的承接查验

（1）原有物业承接查验的程序

1）移交人书面提请物业服务企业承接查验，并提交相应的资料。

2）物业服务企业按照承接查验标准，对建设单位提交的申请和相关资料进行审核，对具备条件的，应在15日内签发查验通知并约定查验时间。

3）物业服务企业会同移交人按照承接查验的主要内容及标准进行查验。

4）查验房屋的情况，包括建筑年代、用途变迁、拆改添建等；评估房屋的完好与损坏程度及现有价值；对在验收过程中发现的危损问题，按危险和损坏问题处理办法处理。

5）交接双方共同清点房屋、装修、设备和定着物、附着物，核实房屋的使用情况。

6）经检验符合要求的物业，物业服务企业应在7日内签发查验合格凭证，签发接管文件，并办理房屋所有权的转移登记。

7）移交人配合接管单位完善后续工作等。

（2）原有物业承接查验的主要内容

1）物业资料情况。物业资料情况除检查新建物业建设单位应提交的相关资料外，还要对原物业管理机构在管理过程中产生的相关资料进行检查。具体包括以下几项：

①物业原始资料。即新建物业应查验的各种资料（略）。

②业主资料。主要包括业主入住资料（如入住通知书、入住登记表、身份证复印件、照片等）、房屋装修资料（包括装修申请表、装修验收表、装修图样、消防审批、验收报告、违章记录等）。

③管理资料。主要包括设备维修记录、水质化验报告等。

④财务资料。主要包括水、电抄表记录及费用代收代缴明细表，物业服务费收缴明细表，维修资金使用审批资料及记录，债权债务移交清单，固定资产清单，收支账目表等。

⑤合同协议书。主要包括原前期物业服务合同、与供水供电部门签订的合同或协议、与业主签订的有关合同或协议等。

2）物业共用部位、共用设施和设备及管理现状查验。在此项检查中，除了对照物业清册对物业共用部位、共用设施和设备的数量、地点逐一进行清点外，还应重点对物业共用部位、共用设施和设备的使用现状情况进行查验。

具体包括建筑结构及装修工程的情况；供配电、给水排水、消防、电梯、空调等机电设备的保养及故障隐患情况；保安监控、对讲门禁设施情况；清洁卫生设施情况；绿化设施情况；停车场、门岗、道闸设施；室外道路、雨水和污水井等排水设施；公共活动场所及娱乐设施；其他归物业服务企业管理的设施和设备。

3）各项费用与收支情况，项目机构经济运行情况。主要包括物业服务费、停车费、水电费、其他有偿服务费的收取与支出，维修资金的收取、使用和结存，各类押金、欠收款项、待付费用等账务情况。

4）其他查验内容。主要包括物业服务用房、产权归全体业主所有的设备、工具、材料等。与新建物业相比，对二手物业共用部位、共用设施和设备的查验耗费的人力、时间更多，遗留问题的处理难度更大。物业服务企业查验结束后，要对所发现的问题进行分类整理，登记造表并提交委托单位确认。

如承接的部分物业项目仍在保修期内，承接单位应与建设单位、移交单位共同签订移交协议，明确具体的保修项目、负责保修的单位及联络方式、保修方面遗留问题的处理情况，并在必要时提供原施工单位或采购合同中关于保修的相关条款文本；如项目已超过质量保修期，要根据维修类别，按国家规定分别从维修资金或物业服务费中列支维修费用。

六、物业承接查验所发现问题的处理

对于承接查验中所发现的问题，一般的处理程序如下：

1. 收集整理存在的问题

（1）收集所有的《物业查验记录表》。

（2）对《物业查验记录表》内容进行分类整理，将承接查验所发现的问题登记造表。

（3）将整理好的工程质量问题提交给建设单位确认，并办理确认手续。

2. 处理方法

工程质量问题整理出来后，由建设单位提出处理方法。在实际工作过程中，物业服务企业在提出质量问题的同时，还可以提出相应的整改意见，以便于建设单位有针对性地进行整改。

从发生原因和处理责任看，工程质量问题可分为两类：第一类是由施工单位引发的质量问题。若质量问题在保修期内发现或发生，按建设部《建筑工程质量保修办法》的规定，应由建设单位督促施工单位负责。第二类是由于规划、设计考虑不周而造成的功能不足、使用不便、运行管理不经济等问题。这类问题应由建设单位负责做出修改设计，改造或增补相应设施。

3. 跟踪验证

为使物业工程质量问题得到及时、圆满的解决，物业服务企业要做好跟踪查验工作。

物业服务企业应安排专业技术人员分别负责不同专业的工程质量问题，在整改实施的过程中进行现场跟踪，对整改完工的项目进行验收，办理查验手续。对整改不符合要求的工程项目则应继续督促建设单位处理。

七、物业服务工作移交的类型和方法

物业服务工作的移交既涉及国家政策、法规，又涉及物业管理各方的权益，还直接影响到物业服务活动能否正常开展。因此，物业管理工作的移交是物业服务操作中的一个重要环节。

1. 新建物业的移交

（1）移交双方

在新建物业的移交过程中，移交方为该物业的开发建设单位，承接方为物业服务企业。

双方应签订前期物业服务合同。

（2）移交内容

1）资料移交。按上述新建物业移交时国家规定提交的各类资料逐一登记造册，一式两份，完成后双方签字确认。

2）管理实物移交。移交的对象包括物业共用部位、共用设施和设备及其相关清单（如房屋建筑清单、共用设施和设备清单、园林绿化设施清单、公共配套设施清单等）。

3）物业服务用房移交。建设单位应按国家规定向物业服务企业提供物业服务用房。

2. 原有物业的移交

（1）移交双方

物业服务机构更迭时原有物业管理工作的移交程序：先是原有物业服务机构向业主大会或物业产权单位移交，然后业主大会或物业产权单位向新的物业服务企业移交。前者的移交方为该物业的原物业管理机构，承接方为业主大会或物业产权单位；后者的移交方为业主大会或物业产权单位，承接方为新的物业服务企业。

（2）移交内容

1）资料移交。双方按物业服务机构更迭时移交方应提交的资料逐一登记造册，一式两份，并办理相应的移交手续。

2）物业共用部位及共用设施和设备管理工作的交接。双方应按照物业清单规定的项目，对物业共用部位、共用设施和设备及其他公共配套设施的数量、地点、有关的钥匙进行移交。

3）物业服务用房。

4）物业产权单位投资购买的或按酬金制计费方式下用物业服务资金购置的，由原物业服务企业使用的设备、工具。

5）与供水、供电、通信等部门签订的合同、协议等。

6）原物业服务机构预收、代收费用的清欠方式。

3. 移交双方办理交接手续

无论是新建物业还是物业服务机构更迭时的二手物业，双方查验完毕，接管单位应及时办理交接手续。新建物业的交接手续涉及物业的建设单位和物业服务企业；物业服务机构更迭时的交接手续涉及物业建设单位或业主委员会、原物业服务企业和新进入的物业服务企业。

物业服务机构更迭时的交接手续一旦办理完毕，原物业服务机构的人员必须马上退出，新接管的物业服务企业人员应当立即进入，切勿形成原物业服务机构的人员不走，新的物业服务企业人员无法进驻的局面。

思考与练习

1. 什么是承接查验？

2. 竣工验收和承接查验的区别是什么?

3. 物业承接查验的方式有哪些?

4. 简述新建物业承接查验的内容。

5. 世纪华庭是某市刚竣工的一个住宅项目，某物业公司与建设单位签订前期物业服务合同，将对此项目进行接管，请制作承接查验工作流程方案。

第二章　物业入住服务与装修管理

第1节　物业入住服务

入住服务是物业服务企业接管物业后第一次与业主的零距离接触，也是物业服务企业展示企业形象、服务水平、专业能力的最佳契机，对物业服务企业的品牌建设和可持续发展具有深远影响。为此，物业服务企业必须做好充分的准备工作。入住方案制定得是否完善成为物业服务企业开局的关键。

一、入住服务的含义

入住服务是指建设单位将已具备使用条件的物业交付给业主并办理相关手续，同时物业服务企业为业主办理物业管理事务手续的过程。对业主而言，内容包括两个方面：一是物业验收及其相关手续办理；二是物业管理有关业务办理。

二、物业入住的准备

入住服务是物业服务企业在该项目首次直接面对业主提供服务，直接关系到业主对物业管理服务的第一印象。因此，物业服务企业要从各方面做好充分、细致的准备，全面有效保障业主入住工作。

1. 资料准备

（1）入住通知书

入住通知书是建设单位向业主发出的办理入住手续的书面通知。主要内容包括以下几项：

1）物业具体位置。

2）物业竣工验收合格以及物业服务企业承拉查验合格的情况介绍。

3）准予入住的说明。

4）入住具体时间和办理入住手续的地点。

5）委托他人办理入住手续的规定。

6）业主入住时需要准备的相关文件和资料。

7）其他需要说明的事项。

（2）物业验收须知

《物业验收须知》是建设单位告知业主在物业验收时应掌握的基本知识和应注意事项的提示性文件。一般而言主要内容包括以下几点：

1）物业建设基本情况、设施和设备的使用说明。

2）物业不同部位保修规定。

3）物业验收应注意事项以及其他需要提示说明的事项等。

（3）业主入住房屋验收表

业主入住房屋验收表是记录业主对房屋验收情况的文本，通常以记录表格的形式出现。使用《业主入住房屋验收表》可以清晰地记录业主的验收情况。一般而言主要内容包括以下几点：

1）物业名称、楼号。

2）业主、验收人、建设单位代表姓名。

3）验收情况简要描述。

4）物业分项验收情况记录以及水、电、煤气等的起始读数。

5）建设单位和业主的签字确认。

6）物业验收存在的问题，有关维修处理的约定等。

7）验收时间。

8）其他需要约定或注明的事项。

（4）业主（住户）手册

业主（住户）手册是由物业服务企业编撰，向业主、物业使用人介绍物业基本情况和物业管理服务相关项目内容的服务指南性质的文件。一般而言主要包括以下内容：欢迎辞、小区概况、物业服务企业及项目管理单位情况介绍、《临时管理规约》、小区内相关公共管理制度、物业装修管理指南、物业服务流程等。

（5）住宅质量保证书及住宅使用说明书

住宅质量保证书是商品房购销合同的补充约定，要有工程质量监督部门核验的质量等级，保修年限不得低于地基基础和主体结构在合理使用寿命年限内承担保修、正常使用情况下各部位、部件保修内容与保修期：屋面防水 3 年；墙面、厨房和卫生间地面、地下室、管道渗漏 1 年；墙面、顶棚抹灰层脱落 1 年；地面空鼓开裂、大面积起沙 1 年；门窗翘裂、五金件损坏 1 年；管道堵塞 2 个月；供热、供冷系统和设备 1 个采暖期或供冷期；卫生洁具 1 年；灯具、电气开关 6 个月；另外还有用户报修的单位，答复和处理的时限。住宅质量保证书是房地产开发企业对销售的商品住宅承担质量责任的法律文件，房地产开发企业要按《住宅质量保证书》的约定承担保修责任。

住宅使用说明书要对住宅的结构、性能以及各部位（部件）的类型、性能、标准等做出说明，并提出使用注意事项，一般应当包括以下内容：开发单位、设计单位、施工单位，委托监理的应注明监理单位；结构类型；装修注意事项；上水、下水、电、燃气、热力、通信、消防等设施配置的说明；有关设备、设施安装预留位置的说明和安装注意事项；门、窗类型及其使用注意事项；配电负荷；承重墙、保温墙、防水层、阳台等部位注意事项的说明；其他需说明的问题。对于住宅中配置的设备、设施，生产厂家另有使用说明书的，应附于《住宅使用说明书》中。

（6）物业管理有关约定

业主办理入住手续时，物业服务企业要与业主签订有关物业管理约定，进一步明晰双方的权利和义务，在协议中应明确以下几点：

1）物业服务费收费面积、收费标准及金额。

2）物业服务费计费时段和交纳时间。

3）物业服务费收缴方式（现金或托收等）

4）滞纳金及其计收比例。

5）调整管理费的条件或其他情况。

2. 其他准备

（1）入住工作计划

建设单位和物业服务企业应在入住前一个月制订入住工作计划，由项目管理负责人审查批准，并报经上级主管部门核准。计划中应明确以下内容：入住时间、地点；负责入住工作的人员及职责分工；入住过程中使用的文件和表格；入住手续办理和程序；注意事项及其他情况。

（2）入住仪式策划

为了提高小区整体形象，有效加强与业主、物业使用人的沟通，通常由物业服务企业根据物业管理的特点及小区实际情况组织举行入住仪式。参加人员有业主、物业服务企业代表、建设单位代表以及其他有关人员。

（3）环境准备

在完成对物业的竣工验收和接管验收之后，物业服务企业要对物业共用部位进行全面、彻底的清洁，为业主、物业使用者入住做好准备。

1）准备及布置办理入住手续的场地，如布置彩旗、标语，设立业主休息等待区等。

2）准备及布置办理相关业务的场地，如电信、邮政、有线电视、银行等相关单位业务开展的安排。

3）准备资料及预先填写有关表格，为方便业主，缩短工作流程，应对表格资料预先做出必要处理，如预先填上姓名、房号和基本资料等。

4）准备办公用具，如复印机、计算机和文具等。

5）制作标志牌、导视牌、流程图，如交通导向标志、入住流程、有关文件明示等。

6）针对入住过程中可能发生的紧急情况，如交通堵塞、矛盾纠纷等，制定必要的紧急预案。

7）遇有二期工程施工或临时施工情况，要进行必要隔离，以防止发生安全事故。

三、入住服务的管理

1. 入住流程手续

（1）持购房合同、入住通知书等进行业主登记确认。

（2）验收房屋，填写验房记录单。

（3）与开发商进行房款结算，取得最终房款发票。

（4）履行产权代办手续，提供办理产权证的相关资料，交纳办理产权证所需的费用。

（5）由开发商开具证明，业主持此证明到物业服务企业办理业主入住手续。

（6）签署物业管理的相关文件，如物业委托管理协议、车位管理协议、装修管理协议等。

（7）交纳物业相关费用，建设单位或物业服务企业根据收费标准向业主、物业使用者收取当期物业服务费及其他相关费用，并开具相应票据给业主、物业使用者。

（8）领取提供给业主的相关文件资料，如住宅质量保证书，住宅使用说明书，房屋使用、维修、管理规约，住户手册和装修手册等。

（9）验房及发放钥匙，建设单位或物业服务企业陪同业主一起验收其名下的物业，登记水、电、煤气表起始数，根据房屋验收情况，购房合同双方在《业主入住房屋验收表》上签字确认；向业主发放钥匙并记录；对于验收不合格的部分，物业服务企业应协助业主敦促建设单位进行工程不合格整改、质量返修等工作。若发现重大质量问题，可暂不发放钥匙。

2. 资料归档

业主物业验收及其他手续办理完结后，物业服务企业应及时将已办理入住手续的房间号码和业主姓名通知门卫，并及时将各项业主、物业使用者的资料归档，妥善保管，不得将信息泄露给无关人员。

四、入住服务应注意事项

合理部署业主入住时间，避免因过于集中办理而产生混乱，同时注意收楼手续及业主身份证原件的确认；按规定与客户交接钥匙；记录、签字确认；各部门间通力配合、衔接。实行一站式柜台服务，适当延长服务时间，方便业主入住。现场张贴入住办理流程，设立专人引导业主车辆、咨询各类事项。现场宣传物业管理基本知识、企业服务理念。利用办理入住手续的时机建立完善的《业主档案》。

案例

C区住宅入住方案

一、办理入住时间

集中办理时间：××年10月15日～10月24日，见表2—1—1。

表2—1—1 办理入住时间

日期	办理入住时间	楼号	办理户数	备注
10.15	早8：00—中午12：30 下午13：00—下午16：00	27、26、25	120	
10.16	早8：00—中午12：30 下午13：00—下午16：00	24、23、22、21	160	
10.17	早8：00—中午12：30 下午13：00—下午16：00	20、19、18、17	160	
10.18	早8：00—中午12：30 下午13：00—下午16：00	16、15、14、13	160	
10.19	早8：00—中午12：30 下午13：00—下午16：00	12、11、10、9	160	
10.20	早8：00—中午12：30 下午13：00—下午16：00	8、7、6	108	
10.21	早8：00—中午12：30 下午13：00—下午16：00	各楼宇	—	
10.22	早8：00—中午12：30 下午13：00—下午16：00	各楼宇	—	
10.23	早8：00—中午12：30 下午13：00—下午16：00	各楼宇	—	
10.24	早8：00—中午12：30 下午13：00—下午16：00	各楼宇	—	

注：集中办理地点在C区商场一楼前厅（售楼处对面）。

二、办理入住人员

入住人员见表2—1—2。

表2—1—2 办理入住人员

项目/编组	岗位	负责人	人员	人数
	入住总负责	赵×	章汉树	2
一	资料审核组	董强	江丽芯、王娇	3
二	签约组	赵雯娟	李品、杨开宇、王戈、公司新员工、荆菁、佟晓丹、供暖公司2人	9

第二章

续表

项目/编组	岗位	负责人	人　员	人　数
	入住总负责	赵×	章汉树	2
三	核算组	吴海洋	刘畅、王倩、赫明亮	4
四	收费组	姜桂珍	财务8人、供暖公司2人	11
五	物品发放组	冯冠中	王佳婧、周学会、徐飞、林丽、外保、凯莱员工	7
六	验房组	李航	客服：洪涛、郭磊（统计验房单维修问题，接待报修，协调施工单位维修，办理装修手续、临时出入证） 第一组：陈建峰、金鑫、张铁柱 第九组：郑方、李精业、林海 第二组：张帅、钱峰、李仁成 第十组：尹德冯、郑竹、林松 第三组：苏闯、潘翠翠、燕红泽 第十一组：高扬、销售、蒲天详 第四组：刘远生、焉云鸽、王岩 第十二组：晋奇、销售、魏凤尧 第五组：周毅、王刚、刘世政 第十三组：王俊、徐娟娟、张晓龙 第六组：许文、佟美时、黄恩军 第十四组：石冀、杨娜、马闯/隋东军 第七组：于维洋、舒畅、李宝生 第十五组：于名丞、曲直、刘建/牛文奔 第八组：陶冶、王莹、刑江唯	48
七	答疑组	——	工程部负责人：谭在树 营销部负责人：崔天泽 财务部负责人：姜桂珍 法律顾问：赵　隽 C区住宅管理处：刘向丽	5
八	保障组	张成宇	保安8人、保洁2人	11
九	后勤组	曲直	李精业	2

三、办理入住流程

办理入住流程如图2—1—1所示。

四、办理入住相关岗位职责

1. 资料审核组

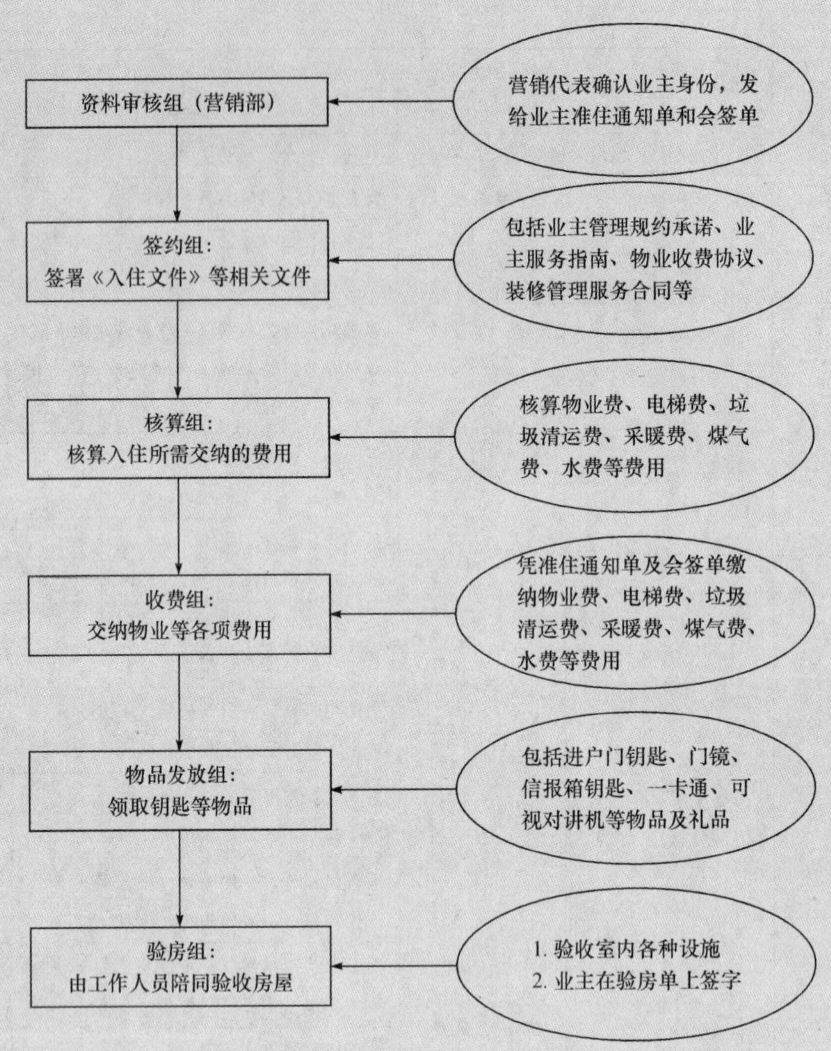

图 2—1—1 办理入住流程

（1）岗位职责描述

1）根据现场办理入住人员数量决定排号办理入住顺序（发号牌）。

2）营销代表确认每位办理入住的业主身份，发给业主准住通知单和会签单。

3）在会签单经办人处签字。

4）指引业主到签约组签署文件。

（2）岗位配备用品

1）准住通知单。

2）入住会签单。

3）号码牌。

2. 签约组

(1) 岗位职责描述

1) 引导业主详细填写《住户家庭情况登记表》，贴上业主及家人照片，业主提供身份证复印件（若业主已填写，将表收回）。

2) 请业主拿出营销部发出的4本入住文件，开始签署文件，签署文件后将4本入住文件、《住户家庭情况登记表》、业主身份证复印件装入档案盒。

3) 熟悉所有的入住文件。

4) 了解物业政策、法规，确保解释到位，灵活机动，迅速、耐心引导业主签署各类文件资料。当解答不了业主问题时，应及时将其引导到答疑处，避免现场氛围紧张，影响其他业主办理入住手续。

5) 向业主解说每份文件的名称、与业主的关系、需要业主签署的文件名称、签字位置、份数，物业服务企业需留存文件。

6) 在会签单经办人处签字。

7) 指引业主到核算组核算办理入住手续所需交纳的费用。

8) 第九组人员查验业主资料是否齐全（包括准住通知单、业主家庭情况登记表、照片、身份证复印件、4本已签字的入住文件），录入业主家庭情况登记档案。

(2) 岗位配备用品

1) 黑色签字笔10支。

2) 物业服务企业存档的业主档案盒。

3) 胶水或双面胶、剪刀（用于贴业主照片）。

4) 计算机。

3. 核算组

(1) 岗位职责描述

1) 核算办理入住手续所需交纳的全部费用。

2) 在会签单经办人处签字。

3) 指引业主到售楼处交纳费用，并且提示业主交费后回到物品发放组领物品。

(2) 岗位配备用品

1) 预先按户算好的费用明细与金额台账。

2) 计算器、签字笔等。

4. 收费组

(1) 岗位职责描述

1) 财务部负责代收代缴费用（预交水费、煤气费、采暖费）。

2) 财务部负责收缴物业费、电梯费、垃圾清运费（电梯费收据上须标记一卡通卡号及赠送或购买）。

3）收缴日常管理费用，包括一卡通费（赠送除外）、临时出入证工本费及押金。

4）核对应交费用，按会签单收款，确保无假币，无漏收款项，保证现金、账目相符。

5）在会签单经办人处签字。

6）指引业主到物品发放组领取钥匙、可视对讲机等物品及礼品。

7）每日16：00将收取的现金安全存到银行。

（2）岗位配备用品

1）预先按户算好的费用明细与金额台账。

2）计算器、验钞机、保险柜。

3）收据（物业费、非经营性）。

4）账本、零钱、胶水、复写纸、大头针、签字笔等。

5．物品发放组

（1）岗位职责描述

1）负责物品清点、保管。

2）凭已交款的会签单准确发放全部钥匙、门镜、信报箱钥匙、一卡通、可视对讲机、房屋使用说明书、房屋质量保证书等物品及礼品。

3）工作细致、认真，物品发放后要填写《房屋钥匙（卡）交接单》，请业主签字确认。

4）在会签单经办人处签字。

5）指引业主到验房组验收房屋。

（2）岗位配备用品

1）有标志的全套钥匙、门镜、信报箱钥匙、一卡通、可视对讲机等物品。

2）包装盒、手提袋。

6．验房组

（1）岗位职责描述

1）在集中办理入住期间，物业服务企业人员负责全面进行验房、记录、跟踪工作。

2）物业工程管理部负责进行技术指导，并协助集中入住期间的验房工作。

3）验房过程严格按照操作流程进行，并填写《房屋验收单》。

4）验房人员在验房过程中要耐心细致、灵活机动、快速高效。

5）对于业主提出需维修的问题，在《房屋验收单》上记录，一式三联（物业服务企业留存一联、施工单位一联、业主一联），签字确认。

6）业主在《房屋验收单》上签字。

7）物业客服部负责跟踪《房屋验收单》的返修结果及房屋验收单的接收归档。

8）客服人员分类分施工单位统计《房屋验收单》上登记的维修问题，协调施工单位维修，通知业主维修时间或留存维修钥匙一把，跟踪维修，回访维修情况。验房流程如图 2—1—2 所示。

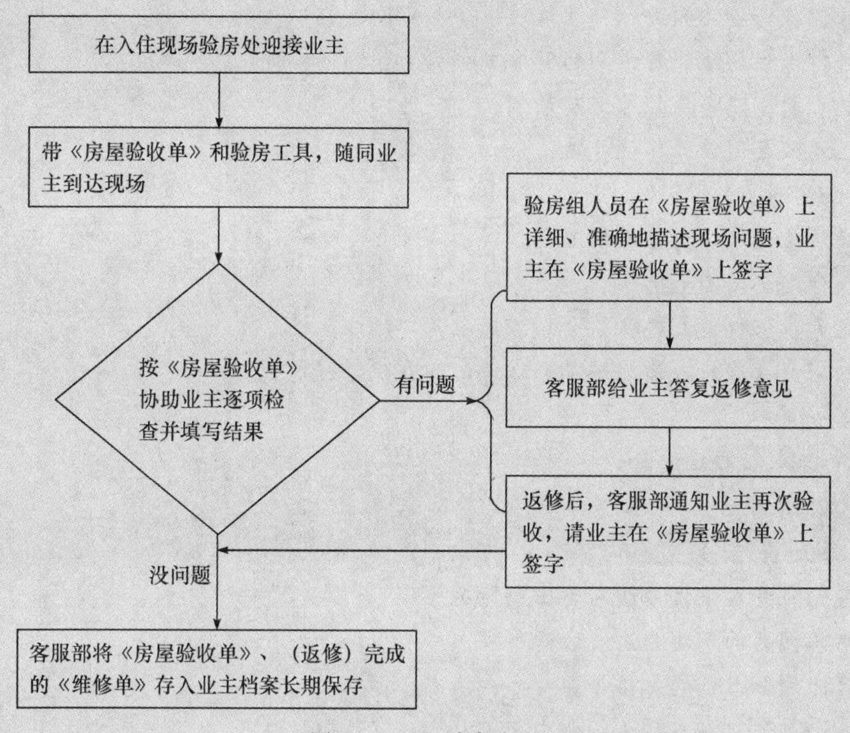

图 2—1—2　验房流程

（2）岗位配备用品

1）《房屋验收单》和《维修单》。

2）验房工具（如试电笔、手电筒、打火机等）。

3）计算机、签字笔、笔记本。

4）各施工单位联系方式、联系施工单位记录表。

5）维修单、托管钥匙明细、借用钥匙登记明细。

7. 答疑组

（1）工程方面答疑由×××负责，解答业主提出的相关工程技术及质量等疑难问题。

（2）销售方面答疑由×××负责。

（3）物业服务、收费方面的疑难问题答疑由×××负责。

（4）财务部由×××负责。

（5）法律顾问为×××。

8. 保障组

(1) 安全岗

1) 保安（形象岗）8人，保障现场秩序及安全。

2) 入住现场物品搬运。

3) 进行入住场地正确方向的引导工作。

4) 负责对突发事件的传递及控制。

5) 注意仪表形象、礼仪礼貌，亲切、友好。

(2) 清洁岗

1) 保洁员两人，负责现场卫生。

2) 入住现场物品搬运。

3) 注意仪容仪表，礼貌、亲切、温馨。

4) 按划分区域对入住现场及外环境不间断保洁，达到标准。

9. 后勤组

集中办理入住期间负责订餐。

10. 注意事项

(1) 每天早7：30晨会内容

1) 各组负责人汇报本组人员出勤情况。

2) 汇总问题的解决办法及注意事项。

3) 临时增加工作的安排等。

(2) 每天下午16：30总结会内容

1) 当日工作总结。

2) 问题汇总。

五、业主入住会签单

业主入住会签单见表2—1—3。

六、房屋验收单

房屋验收单见表2—1—4。

七、验房操作流程

1. 进户门（如门锁、把手、门框、门体等）。

2. 塑钢窗（如窗框、压条、胶条、把手、玻璃裂纹或划痕、折页装饰帽等）。

3. 塑钢门（如门框、把手、门扇、玻璃等）。

4. 墙面大白、顶棚大白、地面平整。

5. 卫生间排水管线（坡度、裂纹）、阻火圈、地面防水、卫生间排气孔。

6. 厨房上水管线（水龙头）、下水管线、地热分水器、外排烟道。

7. 电源空气开关、墙面面板（如插座、开关、有线面板等）是否已通电，弱电箱、可视对讲挂件是否完好。

表 2—1—3　　业主入住会签单

＿＿＿＿楼＿＿＿＿号　业主姓名：＿＿＿＿　面积：＿＿＿＿ m² 　户型：＿＿＿＿

<table>
<tr><td>部门</td><td colspan="4">入　住　手　续</td><td>经办人（签字）</td></tr>
<tr><td>营销部</td><td colspan="4">业主资料审核</td><td>年　月　日</td></tr>
<tr><td>物业客服部</td><td colspan="4">签署文件</td><td>年　月　日</td></tr>
<tr><td rowspan="8">核算组</td><td rowspan="8">核算费用</td><td>收费项目</td><td>收费标准</td><td>金　额</td><td rowspan="8">年　月　日</td></tr>
<tr><td>物业费</td><td>住宅：1.8 元/月·m²</td><td></td></tr>
<tr><td>电梯费</td><td>12 元/人·月（以政府最新规定为准）</td><td></td></tr>
<tr><td>垃圾清运费</td><td>一室一厅以下：200 元
二室一厅：260 元
二室二厅及三室一厅：320 元
三室二厅及四室以上：380 元</td><td></td></tr>
<tr><td>预收水费（代缴）</td><td>住宅：200 元/户</td><td></td></tr>
<tr><td>预收煤气费（代缴）</td><td>209 元/户
（保险费 8 元，工本费 1 元，煤气费预收 200 元）</td><td></td></tr>
<tr><td>采暖费（代缴）</td><td>单价以采暖公司报物价局批文为准，以销售部通知办理入住日期起计费</td><td></td></tr>
<tr><td colspan="2">合　计</td><td></td></tr>
<tr><td>财务部</td><td colspan="4">交纳费用</td><td>年　月　日</td></tr>
<tr><td>物业客服部</td><td colspan="4">发放物品</td><td>年　月　日</td></tr>
<tr><td>工程部
营销部
物业服务企业</td><td colspan="4">验　房</td><td>年　月　日</td></tr>
</table>

注：此表作为业主办理入住手续的证明，待全部手续办理完成后存档。

表 2—1—4 房屋验收单

<table>
<tr><td>业主姓名</td><td colspan="2"></td><td>房屋类型</td><td>住宅区</td><td>房号</td><td colspan="2">楼 层 号</td></tr>
<tr><td>验收日期</td><td colspan="2"></td><td>联系电话</td><td colspan="4"></td></tr>
<tr><td colspan="3">查验项目</td><td colspan="2">验收结果</td><td colspan="3">备 注</td></tr>
<tr><td rowspan="3">土建</td><td colspan="2">墙 面</td><td colspan="2"></td><td colspan="3"></td></tr>
<tr><td colspan="2">顶 棚</td><td colspan="2"></td><td colspan="3"></td></tr>
<tr><td colspan="2">地 面</td><td colspan="2"></td><td colspan="3"></td></tr>
<tr><td rowspan="2">门窗</td><td colspan="2">进户门</td><td colspan="2"></td><td colspan="3"></td></tr>
<tr><td colspan="2">门窗、玻璃</td><td colspan="2"></td><td colspan="3"></td></tr>
<tr><td rowspan="5">电器</td><td colspan="2">开 关</td><td colspan="2"></td><td colspan="3"></td></tr>
<tr><td colspan="2">电源插座</td><td colspan="2"></td><td colspan="3"></td></tr>
<tr><td colspan="2">有线插座</td><td colspan="2"></td><td colspan="3"></td></tr>
<tr><td colspan="2">电话插座</td><td colspan="2"></td><td colspan="3"></td></tr>
<tr><td colspan="2">可视对讲机</td><td colspan="2"></td><td colspan="3"></td></tr>
<tr><td rowspan="5">水暖</td><td colspan="2">厨 房</td><td colspan="2"></td><td colspan="3"></td></tr>
<tr><td colspan="2">供暖系统</td><td colspan="2"></td><td colspan="3"></td></tr>
<tr><td rowspan="2">供暖系统</td><td>地热</td><td colspan="2"></td><td colspan="3"></td></tr>
<tr><td>分水器</td><td colspan="2"></td><td colspan="3"></td></tr>
<tr><td colspan="2">排 水</td><td colspan="2"></td><td colspan="3"></td></tr>
<tr><td>三表读数</td><td rowspan="2">水表</td><td></td><td rowspan="2">电表</td><td></td><td rowspan="2">煤气表</td><td colspan="2"></td></tr>
<tr><td>三表表号</td><td></td><td></td><td colspan="2"></td></tr>
<tr><td colspan="8">以上内容已验收完毕，业主确认签字：
年 月 日</td></tr>
<tr><td>卫生间防水</td><td colspan="7">卫生间防水已经过 24 h 蓄水试验，业主检验合格
业主确认签字：
年 月 日</td></tr>
<tr><td colspan="4">物业验房人员：
年 月 日</td><td colspan="4">营销人员：
年 月 日</td></tr>
</table>

注：此表一式三联：第一联由物业服务企业存档；第二联业主留存；第三联施工单位留存。

第二章

8. 抄水表、电表读数。

9. 提示业主的注意事项

（1）装修前将室内所有下水管线做通水试验，确保下水管线畅通后再进行装修，装修后出现下水管线堵塞的，施工单位不予维修，后果自负。

（2）卫生间排水管线有检查口，业主装修时应预留出检查口位置，以便于日后维修。

思考与练习

1. 入住时需要准备哪些资料？

2. 请根据周边即将交房的小区简要说明入住手续的办理流程。

3. 《入住通知书》中应包括哪些内容？

4. 某市天籁住宅区东起小什字街，西至东顺城街，南临小东路，北靠规划路，是整体项目的最核心地块，占地面积为 8 980m^2，建筑面积为 38 215m^2，容积率为 9.40，绿化率为 30%，由 4 栋高层建筑组成，共计 728 户。停车位总数为 332 个，地上 210 个，地下 122 个；4 部电梯，双路供电，24 h 畅通。请为该小区设计入住方案。

第 2 节　物业装修管理

物业装修管理是物业服务企业根据政府有关法规、条例，受开发商或全体业主委托，对物业管辖范围内的业主或使用者的物业装修过程进行监督检查，使其施工符合规范，结构安全，物业管理、消防、供水、供电、燃气、环境保护符合要求的行为过程。

一、物业装修时间管理

装修时间应根据各地不同的作息时间、季节变换以及习惯、习俗等综合确定。装修时间包括一般装修时间、特殊装修时间和装修期。

1. 一般装修时间

一般装修时间是指除节假日之外的正常时间。一般装修时间因地域和季节的差异而有所不同，如南方某些地区规定作业时间及拆打时间为：

作业时间：8：00—12：00，14：00—18：00；

拆打时间：8：30—11：30，14：30—17：30。

2. 特殊装修时间

特殊装修时间是指节假日休息时间。为保障其他业主的休息和正常生产、生活秩序，原则上一般不允许在节假日进行装修。因特殊情况需要装修，应视具体情况相应缩短装修时间。

3. 装修期

装修期是指装修过程的完结时间。目前国家颁布的法规虽无明确规定，但一般情况下应不超过三个月。

二、物业装修范围管理

物业装修的区域应按照相关装修管理规定和业主权益予以限定，原则上应统一要求、统一形式。如室内装修只限于房屋本体单元内的自用部位；封闭阳台不得超过阳台顶部外边缘垂直投影面，封闭款式、材料力求统一等。

1. 重点检查内容

为确保物业安全和全体业主的合法权益，物业装修管理应重点检查以下内容：

（1）有无变动建筑主体和承重结构。

（2）有无将没有防水要求的房间或者阳台改为卫生间、厨房间。

（3）有无扩大承重墙上原有的门、窗尺寸，拆除连接阳台的砖、混凝土墙体。

（4）有无损坏房屋原有节能设施，降低节能效果。

（5）有无其他影响建筑结构和使用安全的行为。

（6）有无未经有关单位批准的下列行为：

1）搭建建筑物、构筑物。

2）改变住宅外立面，在非承重外墙上开门、窗。

3）拆改供暖管道和设施。

4）拆改燃气管道和设施。

5）超过设计标准或者规范增加楼面荷载的。

6）改动卫生间、厨房间防水层的。

2. 其他检查内容

（1）施工现场有无采取必要的安全防护和消防措施，有无擅自动用明火和进行焊接作业等。

（2）有无任意刨凿楼地面、穿凿梁柱等。

（3）楼地面铺设材料厚度是否超过 10 mm，新砌隔墙是否采用轻质材料等。

（4）是否符合物业装修公共及室外统一要求（如空调室外机的安装和排水的统一要求、阳台栏杆的统一要求等）。

（5）物业装修方案和材料的选择是否符合环保、节能的要求。

三、物业装修管理费用的管理

在我国物业管理实践中，装修管理收费的项目和标准，因各地规定的不同，差别较大。

为确保物业装修工程的有序进行，维护装修活动涉及的各方的合法权益，目前较为通常和相对合理的做法是：在物业装修之前，由装修人和物业服务企业签订《物业装修管理协议》，约定物业装修相关事项和管理收费，并以此为依据规范各方行为。一般而言，《物业装修管理协议》中物业服务企业向装修人约定收取的费用包括装修管理服务费和垃圾清运费。

1. 管理服务费

管理服务费是指因物业装修工程增加物业管理服务工作量而设置的临时性收费项目，国家对于具体的收费标准没有明确规定，一般由装修人和物业服务企业双方约定，该费用可向装修业主收取，也可向装修工程单位收取。

2. 垃圾清运费

垃圾清运费是指由装修工程所产生的垃圾的管理和清运费用。如业主按照要求管理并自行清运装修垃圾的，则该费用可免予交纳；否则，装修人应向物业服务企业交纳该费用，装修垃圾由物业服务企业代为清运。

装修垃圾是装修管理中的一个重要内容，其对物业环境和业主以及物业使用者的工作、生活有着极大的影响，甚至会产生环保、安全等方面的隐患。因此，物业装修管理的基本要求是：

（1）装修垃圾需装袋处理。

（2）装修垃圾应按指定位置、时间、方式进行堆放和清运。

四、物业装修管理流程

1. 备齐资料

资料的准备由业主（或物业使用者）和施工队分别准备及提供。一般包括物业所有权证明，申请人身份证原件及复印件，装修设计方案，装修施工单位资质，原有建筑、水、电、气等改动设计和相关审批，以及其他法规规定的相关内容。物业使用者对物业进行装修时，还应当取得业主的书面同意。

2. 物业装修申报

用户在入住过程中，应已收到物业服务企业发出的装修手册及装修申报登记表。用户在装修施工前，须认真阅读装修手册，填写装修申报登记表，并提交物业服务企业登记备案。只有在物业服务企业对装修内容的登记备案完成之后，用户才能动工装修。

物业管理工作人员应要求和指导业主逐项填写装修申报登记表，确保各项申请明确无误，涉及专业部门（如水、电、气等）、建筑结构、消防等项目的，要求写明地点、位置或改变的程度及尺寸等详细数据和资料，必要时装修人或装修单位还应向有关部门申报核准。

3. 物业装修登记

物业服务企业在进行装修登记时，可以书面形式将装修工程的禁止行为和注意事项告知装修人和装修人委托的装修企业，并且督促装修人在装修开工前主动告知邻里。

物业服务企业应该在规定工作日（一般为3个工作日）内完成登记工作；超出物业项目管理单位管理范围的，应报主管部门。

物业服务企业应详细核查装修申请登记表中的装修内容，有下列行为之一的将不予登记：

（1）未经原设计单位或者具有相应资质等级的设计单位提出设计方案，擅自变动建筑主体和承重结构的。

（2）将没有防水要求的房间或者阳台改为卫生间、厨房间的。

（3）扩大承重墙上原有的门、窗尺寸，拆除连接阳台的砖、混凝土墙体的。

（4）损坏房屋原有节能设施，降低节能效果的。

（5）未经城市规划行政主管部门批准搭建建筑物、构筑物的。

（6）未经城市规划行政主管部门批准改变住宅外立面，在非承重外墙上开门、窗的。

（7）未经供暖管理单位批准拆改供暖管道和设施的。

（8）未经燃气管理单位批准拆改燃气管道和设施的。

（9）其他影响建筑结构和使用安全的行为。

4. 签订《物业装修管理服务协议》

在物业装修之前，物业服务企业和装修人应签订《物业装修管理服务协议》，约定物业装修管理的相关事项，应当包括下列内容：

（1）装修工程的实施内容。

（2）装修工程的实施期限。

（3）允许施工的时间。

（4）废弃物的清运与处置。

（5）外立面设施及防盗窗的安装要求。

（6）禁止行为和注意事项。

（7）管理服务费用。

（8）违约责任。

（9）其他需要约定的事项。

5. 办理开工的一般手续

（1）业主按有关规定向物业服务企业（或指定方）交纳装修管理服务费。

（2）装修施工单位应到物业服务企业办理开工证、出入证等。

（3）装修人或装修施工单位应备齐灭火器等消防器材。

6. 施工

物业装修施工期间，装修人和装修施工单位应严格按照装修申报登记的内容组织施工。

物业服务企业应按照装修管理服务协议做好管理和服务工作，加强现场检查，发现装修人或者装修施工单位有违反有关规定的行为，应当及时劝阻和制止；已造成事实后果或拒不改正的，应及时报告有关部门依法处理。对装修人或者装修施工单位违反《物业装修管理服务协议》的，应追究违约责任。

7. 验收

物业服务企业应当按照装修管理服务协议进行现场检查，对照装修申报方案和装修实际结果进行比较验收，验收合格后应签署书面意见。对因违反法律、法规和装修管理服务协议而验收不合格的，应提出书面整改意见要求业主和施工方限期整改。若发生歧义、无法统一意见或业主拒不接受的情况，应报请城市管理有关行政部门处理，并将检查记录存档。

五、物业装修现场管理

1. 严把出入关，杜绝无序状态

由于装修工人的来源控制有极大的不确定性、施工过程中的自我约束不足、施工单位管理不力等原因，在物业装修期间，物业服务企业应严把物业区域出入口（包括电梯）的人员和材料管理。凡未佩戴物业装修施工标志的施工人员和其他闲杂人员，应一律禁止入内，以保证装修人员管理的有序化、规范化。

装修材料和设备是装修违章的一个重要因素，应着重从以下两个方面加强控制和管理：

（1）核对是否为审批同意的材料。

（2）核对是否符合相关规定。

对于有特别要求的材料或设备（如电焊机等），应按照规定办理相应手续；施工队须进行动火作业的，必须办理申报审批手续；进入物业区域的装修材料、设备等应符合物业装修规定要求，否则拒绝入场。通过加强装修材料和设备的出入管理，杜绝不安全因素的出现。

2. 加强巡视，防患于未然

物业装修期间，物业服务企业要抽调专业技术人员、管理人员和保安力量，加大物业装修管理巡视力度，对有违规、违章苗头的装修户，要重点巡视盯防、频繁沟通，做到防患于未然。出现违规、违章行为的，要晓之以理，动之以情，必要时须报告有关行政主管部门处理。同时，要检查施工单位的施工人员是否如实申报和办理了施工证，强化施工人员的管理。

3. 控制作业时间，维护业主合法权益

物业装修管理要特别注意装修施工（尤其是拆打）的作业时间，避免影响其他业主和物业使用者的正常生活、工作秩序。另外，还应针对不同的物业类型制定相应的管理规定，区别对待。

4. 强化管理，反复核查

物业集中装修期间，要增派人力，做到普遍巡查和重点检查相结合。一方面，要检查装修项目是否为已登记的项目，一是要检查装修项目是否已申报；二是检查装修物业的内容、项目有无私自增加，在巡视过程中发现新增装修项目的，须指导用户及时申报，办理相关手续。另一方面，要检查施工人员的现场操作是否符合相关要求，如埋入墙体的电线是否穿管、是否用合格的套管，施工现场的防火设备是否配备，操作是否符合安全要求，现场的材料堆放是否安全；垃圾是否及时清运，有无乱堆乱放，装修户门外是否保持清洁卫生等。

六、在物业装修中各方主体的责任

为减少物业装修过程中违章现象的出现，物业服务企业应主动提示督促业主（或物业使用者）阅读理解装修管理的规定和小区规定。为了分清物业装修有关各方的责任，物业装修管理协议等相关文件应由装修人、施工单位及物业服务企业三方签字。物业装修过程中如出现违规、违章行为，造成公共权益受到侵害且物业受到损害的，物业服务企业应及时劝阻，对不听劝阻或造成严重后果的，物业服务企业应及时向有关部门报告。

1. 装修人和装修企业的责任

装修人系指业主或物业使用者，装修企业系指装修施工单位。装修人和装修企业在装修活动中的责任包括以下内容：

（1）因装修活动造成相邻住宅的管道堵塞、渗漏水、停水、停电、物品毁坏等，装修人应当负责修复和赔偿，属于装修企业责任的，装修人可以向装修企业追偿。装修人擅自拆改供暖、燃气管道和设施而造成损失的，由装修人负责赔偿。

（2）装修人装修活动侵占了公共空间，对公共部位和设施造成损害的，由城市房地产行政主管部门责令改正，造成损失的，应依法承担赔偿责任。

（3）装修人未申报登记就进行住宅室内装修活动的，由城市房地产行政主管部门责令改正，并处罚款。

（4）装修人违反规定，将住宅室内装修工程委托给不具有相应资质等级企业的，由城市房地产行政主管部门责令改正，并处罚款。

（5）装修企业自行采购或者向装修人推荐使用不符合国家标准的装修材料，造成空气污染超标的，由城市房地产行政主管部门责令改正，造成损失的，依法承担赔偿责任。

（6）装修活动有下列行为之一的，由城市房地产行政主管部门责令改正，并处罚款：

1）将没有防水要求的房间或者阳台改为卫生间、厨房间的，或者拆除连接阳台的砖、混凝土墙体的，对装修人和装修企业分别处以罚款。

2）损坏房屋原有节能设施或者降低节能效果的，对装修企业处以罚款。

3）擅自拆改供暖、燃气管道和设施的，对装修人处以罚款。

4）未经原设计单位或者具有相应资质等级的设计单位提出设计方案，擅自超过设计标准或者规范增加楼面荷载的，对装修人和装修企业分别处以罚款。

（7）未经城市规划行政主管部门批准，在住宅室内装修活动中搭建建筑物、构筑物的，或者擅自改变住宅外立面、在非承重外墙上开门窗的，由城市规划行政主管部门按照《城市规划法》及相关法规的规定处罚。

（8）装修人或者装修企业违反《建设工程质量管理条例》的，由建设行政主管部门按照有关规定处罚。

（9）装修企业违反国家有关安全生产规定和安全生产技术规程，不按照规定采取必要的安全防护和消防措施，擅自动用明火作业和进行焊接作业的，或者对建筑安全事故隐患不采取措施予以消除的，由建设行政主管部门责令改正，并处罚款；情节严重的，责令停业整顿，并处更高额度的罚款；造成重大安全事故的，降低资质等级或者吊销资质证书。

2. 物业服务企业和相关管理部门的责任

（1）物业服务企业发现装修人或者装修企业有违反相关法规规定的行为不及时向有关部门报告的，由房地产行政主管部门给予警告，可处装修管理服务协议约定的装修管理服务费2～3倍的罚款。

（2）物业装修行政主管部门的工作人员接到物业服务企业对装修人或者装修企业违法行为的报告后，未及时处理，玩忽职守的，应依法给予行政处分。

思考与练习

1. 物业装修管理的要求有哪些？

2. 请简要说明在物业装修中各方主体的责任。

3. 在装修管理中应注意哪些问题？

4. 某物业公司承接一新建住宅小区，刚办理完业主入住手续，有的业主提出装修，要办理装修手续，请制定一份装修管理流程。

第三章 物业环境管理

第 1 节 物业绿化管理

一、绿化的相关概念

1. 绿化

绿化分为广义绿化和狭义绿化，广义的绿化泛指只要起到增加植物、改善环境的种植栽培园林工程等行为，都可以算是。狭义的绿化则增加了人为的评判标准，例如，该植物的存在对环境的利弊分析，特别是有些外来植物，一切的基础以对人类社会的投入产品来评判。

2. 绿地率和绿化覆盖率

（1）绿地率

绿地率描述的是居住区用地范围内各类绿地的总和与居住区用地的比率。绿地率所指的“居住区用地范围内各类绿地”主要包括公共绿地、宅旁绿地等。其中，公共绿地又包括居住区公园、小游园、组团绿地及其他的一些块状、带状化公共绿地。

（2）绿化覆盖率

绿化覆盖率是指绿化植物的垂直投影面积占占地面积的比值。绿地率和绿化覆盖率是两个不同概念的用语，绿地率与绿化覆盖率都是衡量居住区绿化状况的经济技术指标，但绿地率不等同于绿化覆盖率。绿地率是规划指标，描述的是居住区用地范围内各类绿地的总和与居住区用地的比率。绿化覆盖率是绿化植物垂直投影面积之和与占地面积的百分比，比如一棵树的影子很大，但它的占地面积是很小的，两者的具体技术指标是不相同的。

二、物业绿化的功能

1. 美化环境

一个小区的美丽，除了在小区规划设计、施工上善于利用小区的分布、道路、建筑，灵活、巧妙地体现小区的美丽外，还可以运用树木、花草不同的形状、颜色、用途和风格，配置出一年四季色彩丰富，乔木、灌木、花卉、草皮层层叠叠的绿地，镶嵌在小区的建筑群中。它不仅使小区披上绿装，而且其瑰丽的色彩伴以芬芳的花香，点缀在绿树成荫、葱郁葱茏中，更能起到画龙点睛、锦上添花的作用，为小区内业主的工作、学习、生活创造优美、清新、舒适的环境。

2. 净化空气

植物对净化空气有独特的作用，它能吸滞烟灰和粉尘，能吸收有害气体，吸收二氧化碳并放出氧气，这些都对净化空气起了很好的作用。

3. 调节气候

树木、绿地具有吸热、遮阴和增加空气湿度的作用，能够提高空气湿度，调节气温，为人们在生产、生活上创造凉爽、舒适的气候环境。

4. 降低噪声

城市中工厂林立，人口集中，车辆运输频繁，各种机器运转的声响嘈杂，常使人们处于噪声的环境里，影响人们的正常生活，妨碍睡眠和谈话。绿化区域能够有效降低噪声。

三、绿化管理工作的主要内容

绿化管理工作主要可以分为小区内部盆栽植物的管理和场外部草坪植物的管理。

1. 小区内部盆栽植物的管理见表 3—1—1。

表 3—1—1　　小区内部盆栽植物的管理

管理项目	具体内容
施肥	根据花卉植物不同生长发育时期的特殊要求，追施化学肥料，并保证在场内无异味的散发
换盆	根据花苗的大小和生长速度快慢选择相应的花盆、套缸，在本管理处力所能及的范围内执行（绿化公司协助）
浇水	根据植物的特点，每日或隔日浇水。原则是水温与室温要接近，浇水一定要浇透，盆土应经常保持湿润，不要过干、过湿，也不要时干、时湿
采光	根据花卉耐阴喜阳程度和生长情况习性，经常性将一些喜阳花卉移到阳光下进行一定的光合作用

2. 场外部草坪植物的管理见表 3—1—2。

表 3—1—2　　场外部草坪植物的管理

管理项目	具体内容
浇水量	根据不同的季节、气候以及草皮生长期、植物品种决定浇水时间（上、中、晚）和浇水量
施肥	根据土质、植物生长期、植物品种和培植需要，决定施肥种类及用量大小
清除杂草及松土	根据季节、草坪生长状况对所辖草坪内的杂草进行清除，并对土地进行相应的松土，以利于草皮的生长和规范
修枝整形	根据植物的形状，以利于观赏为目的，依植物品种及生长情况等因素进行修剪、整形，但此项目通常在冬季进行
除虫	根据病虫害发生规律初步实施综合治理，通常在病虫率高时施以药剂杀死病虫，以确保植物良好生长

续表

管理项目	具体内容
禁止事项	禁止踏入草坪并在树枝上吊拉、折枝、悬挂物件，严禁用铁丝紧箍树干，以免影响树木生长，严禁任何公民在草坪内以体育锻炼为目的损伤植物
防止损坏	加强宣传教育及保安巡视，树立告示牌，防止人为的毁坏，做到预防在先
定期洗尘	由于草坪紧靠道路，人与车辆流动多，尘土飞扬，会影响树木生长和美化效果，故养护人员应定期用水喷淋、清洗草坪及树木

四、绿化管理的质量要求和考核指标

物业居住区绿地一般划分为三个等级，一级绿地是指物业收费标准处于同期中上等水平的居住区绿地；二级绿地是指物业收费标准处于同期中等水平以下的居住区绿地；三级绿地是指无物业收费的所有居住区绿地。

1. 一级绿地

（1）植物配置合理。乔木、灌木、花、草搭配适当，能突出小区特色；绿化充分，无裸露土地。

（2）树木生长健壮，生长超过该树种、该规格的平均生长量，树冠完整、美观，修剪适当，主侧树分布匀称，内膛不乱，通风透光，无死树和枯死杈；在正常条件下，不黄叶、不焦叶、不卷叶、不落叶；被啃咬的叶片最严重的每株在5%以下；无蛀干害虫的活卵、活虫；介壳虫危害不明显；树木缺株在2%以下；树木无钉栓、捆绑现象。

（3）绿篱生长健壮，叶色正常，修剪造型美观，无死株和干枯枝，有虫株率在2%以下；草坪覆盖率达到95%以上，修剪及时，整齐美观，叶色正常，无杂草；宿根花卉管理及时，花期长，花色正，无明显缺株。

（4）绿地整洁，无杂树，无堆物、堆料、搭棚、侵占等现象；设施完好，无人为损坏，对违法行为能及时发现和处理；绿化生产垃圾及时清运。

2. 二级绿地

（1）植物配置基本合理。乔木、灌木、花、草齐全。绿化较充分，基本无裸露土地。

（2）树木生长正常，生长达到该树种、该规格的平均生长量。树冠基本完整，内膛不乱，通风透光，修剪及时，无死树和明显枯枝死杈；在正常条件下，无明显黄叶、焦叶、卷叶、落叶；被啃咬的叶片最严重的每株在10%以下；有蛀干害虫的株数在2%以下；介壳虫危害较轻；树木缺株在4%以下；树木基本无钉栓、捆绑现象。

（3）绿篱生长造型正常，叶色正常，修剪及时，基本无死株和干死枝，有虫株率在10%以下；草坪覆盖率达到90%以上，修剪及时，叶色正常，无明显杂草；宿根花卉管理及时，花期正常，缺株率在5%以下。

（4）绿地整洁，无杂树，无堆物、堆料、搭棚、侵占等现象；设施基本完好，无明显人为损坏，对违法行为能及时发现和处理；绿化生产垃圾能及时清运。

3. 三级绿地

（1）植物搭配一般，绿化基本充分，无明显裸露土地。

（2）树木生长基本正常，无死树和明显枯枝死杈；在正常条件下，无严重黄叶、焦叶、卷叶；被啃咬的叶片最严重的每株在20%以下；有蛀干害虫的株数在10%以下；介壳虫危害一般；树木缺株在6%以下；树木无明显的钉栓、捆绑现象。

（3）绿篱生长造型基本正常，叶色基本正常，无明显的死株和枯死枝，有虫株率在20%以下；草坪宿根花卉生长基本正常，草坪斑秃和宿根花卉缺株不明显，基本无明显的草荒。

（4）绿地基本整洁，无明显的堆物、堆料、搭棚、侵占等现象；设施无明显的破损，无较严重人为破坏，对人为损坏和违法行为能及时处理；无绿化生产垃圾。

五、室内绿化管理

1. 大厦内的绿化布置

大厦内的绿化布置主要以公共部位为主，如大堂、过道、走廊、大小会议厅、观光厅等。大堂的绿化摆设以大盆或中盆的观叶植物为主，如棕竹、龟背竹、苏铁、巴西铁、橡皮树等。在春、秋季节还可适当配些色彩鲜艳、品种名贵的盆花来加以点缀，如茶花、杜鹃等。走廊、过道绿化摆设以普通型的大盆或中盆的观叶植物为主，如散尾葵、发财树、针葵、棕竹等；会议厅四周可放置大型和中型的较名贵的观叶植物，茶几和桌子上可以放上瓶插花；观光厅要注意绿化的整体效果。

2. 办公室的绿化摆设

办公室是写字楼办公的主要场所，在绿化摆设上要突出舒适、清净、高雅。在窗台上可选用小兰草、君子兰、文竹等植物来点缀，办公桌上可放些小型盆景或瓶插，如水仙花等来衬托。

3. 阳台绿化

阳台如充分加以绿化可布置成“缩小了的庭院”，同时美化了楼房和城市景观。绿化时应注意：根据阳台不同方向和地区气候特点所形成的日照、风力、温度、湿度等条件选择植物，主要是选择喜阳或耐阴植物；根据阳台的面积、形状选择容器；由于阳台上一般有风，空气湿度低，因此，充分的灌溉往往是养护管理的关键。

4. 窗台绿化

窗户是沟通室内外空间的纽带。窗台是一块可以用于绿化的宝贵空间，因为那里常有充足的阳光，又处于人们视觉的重要位置上。特别在建筑密集、空间宝贵的城市中，窗台绿化更有特殊意义，室内、室外部分都可用植物来装饰。

六、绿化管理模式

1. 全委托绿化管理

全委托绿化管理是指物业服务企业在对业主委托的物业服务项目进行管理时，为了使绿化管理项目能更好地保证质量，使工作更有效率，更节约成本，而将业主委托给物业服务企业的物业绿化管理服务项目的一部分或全部，以招标或契约的方式委托给专业的绿化公司进行作业的方式。

物业绿化管理的范围广且绿化种类多，技术要求高，物业服务企业可根据《物业管理条例》第四十条规定（物业服务企业可以将物业管理区域内的专项服务业务委托给专业性服务企业，但不得将该区域内的全部物业管理一并委托给他人），将部分或全部物业绿化项目委托给专业的物业绿化公司或园林公司、花卉公司进行绿化管理作业。这种物业绿化管理的类型符合专业化的发展方向，是物业管理的发展趋势。

2. 自主管理

自主管理是指物业服务企业对业主委托的物业管理区域内的物业绿化管理项目，不通过委托管理的形式，而是自己组织人员进行物业绿化作业的一种形式。一般而言，物业公司绿化部机构设置如图 3—1—1 所示。

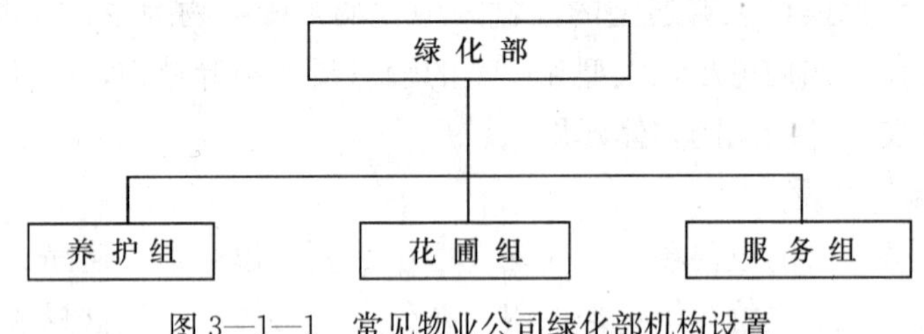

图 3—1—1　常见物业公司绿化部机构设置

绿化部各级人员职责：

（1）部门经理职责。向总经理负责，负责制订本部门工作计划，并落实到班组，做好检查、监督和考核工作；负责组织绿化管理人员的岗位培训和技术培训；编写风景设计要求建议、花草数目的购买计划以及维护和改进物业景观的计划等。

（2）绿化技术人员职责。对部门经理负责，制定绿化技术管理规定和措施并负责实施；负责部门内绿化培植、养护管理的技术培训和部门外的绿化经营技术业务，并检查督促好绿化培植、养护管理的技术工作；定期向经理汇报日常工作情况。

（3）绿化一般人员职责。熟悉和掌握绿化的基本知识及绿化工具的使用、维护方法；必须按绿化工作程序及要求及时定成工作；遵守工作时间及劳动纪律；有时根据季节、气候完成突击性任务；热爱本职工作，了解小区绿化植物的分布情况。

（4）花圃组养护管理人员职责。负责培育各种花卉、苗木，不断学习、研究新技术，积极引进和培育新品种，并妥善保管、使用好各种工具、器具和材料。

(5) 养护组养护管理人员职责。负责管理、养护和培育好所辖区域内的绿地、树木和花草；做好对损坏花木、践踏草坪者的劝阻教育和处罚工作；妥善保管、使用好各种工具、器具、肥料和药品等。

(6) 服务组人员职责。负责种花、养花、摆花、插花，并不断学习、提高花饰技艺；收集花卉苗圃市场行情，了解用户需求特点，做好相关工作；妥善保管及使用好各种工具等。

3. 综合管理

综合管理是指将物业管理区域的绿化管理工作一部分留给自己公司并组织人员进行作业，一部分委托给专业绿化公司作业，也就是自主绿化管理与委托绿化管理相结合的方式，这是目前普遍采用的管理模式。

思考与练习

1. 什么是绿化？
2. 绿化有哪些功能？
3. 常见的绿化机构设置有哪些？各级人员的职责分别是什么？
4. 绿化管理工作的主要内容是什么？
5. 绿化管理的质量要求和考核指标是什么？
6. 利用网络收集小区公共绿化养护方案，分析绿化养护方案的主要结构和内容，并归纳出绿化养护方案的基本格式和提纲。
7. 上海市某园林式花园小区占地总面积为 4 万 m^2，小区内居住环境优美、清洁、舒适，在绿化方面倡导以乡土植物为主，适当选用了一些适应性强、观赏价值高的外地植物，改善住宅小区的植物种植结构。设计施工中采用自然生态布置，讲究乔木、灌木、花、草的科学搭配，创造“春花、夏荫、秋实、冬青”的四季景观。请为该居住小区设计一套绿化管理方案。

第 2 节 物业保洁管理

物业保洁管理是一项服务性很强的工作，不同类型、不同档次的物业对保洁管理的质量要求是不同的，物业服务企业应根据所管辖物业的特点及业主的要求，制定相应的保洁管理的标准和达到标准的措施。

一、保洁管理概述

1. 保洁管理的含义

保洁是指保养、清洁，保洁管理是指物业服务企业通过宣传教育、监督治理和日常保洁工作，保护物业区域环境，防治环境污染，定时、定点、定人进行生活垃圾的分类收集、处理和清运。通过清、扫、擦、拭、抹等专业性操作，维护辖区所有共用部位的保洁卫生，从而塑造文明形象，提高环境效益。

一般意义上的物业保洁的具体工作内容涉及物业辖区内的道路、空地、绿地等所有公共区域的卫生管理工作以及垂直空间的公共部位，如电梯、楼梯等的清洁工作和日常生活垃圾的收集、清运。

2. 保洁管理的重要性

（1）保洁管理是用户生活和工作的最基本要求

保洁既是工作的需要，也是生活的需要，是用户接触最多的一个方面。用户对保洁看得很重，也往往最挑剔，一旦保洁工作做得不好，就会引起投诉。

（2）保洁管理体现了物业管理水平

对于环境整洁的物业小区，人们对物业管理水平往往给予较高的评价，社会上用“保洁是美容师”“保洁是脸面”来形容保洁管理工作。

（3）保洁管理是建筑和设备维护、保养的需要

保洁工作在延长建筑物和设备使用寿命上起到重要的作用。调查表明，地毯保养不好只能用1～2年，保养得好可用3～4年；大堂大理石地面一般用7～8年后光泽就降低了，要再进行磨光，但保养得好可以增加一半以上的使用时间。因此，应当从建筑物和设备保养的高度、从经济的角度来认识保洁管理工作。

（4）保洁管理是一门技术

许多人认为，保洁工作就是用扫帚扫扫、用抹布抹抹，实际上，现代保洁工作涉及化学、物理、机械、电子等学科的知识。不同的建筑物材料需要使用不同的保洁剂，各种现代化的保洁设备（如吸尘器、磨光机、吸水机、洗地毯机等）的操作使用，高层外墙保洁的危险性与复杂性等，使现代保洁工作具有相当程度的技术性。

3. 保洁管理的原则

（1）扫防结合，以防为主

优良物业环境的形成是管理者与被管理者共同配合、相互作用的结果，也是环境管理标准与物业业主和使用者素质不断调适的过程。只有当物业业主和使用者养成了良好的卫生习惯和现代文明的环境意识时，才能真正做好物业环境管理工作，创造一个安全、整洁、舒适、优美、方便的有利于业主和使用者生存、发展与享受的物业环境。因此，物业服务企业在各项管理活动中应积极引导物业业主、使用者参与社会主义精神文明建设，从物业业主和使用者的基本素质、基本行为规范和基本公德意识等方面抓起，其突破口和起步点就是努力纠正各种不讲卫生的坏习惯，树立爱护自然、保护环境的文明意识。

（2）执法必严，直接监督

清扫、保洁的有关法规，如建设部颁布的《城市生活垃圾管理办法》，各地印发的实施细则、文明市民手册、文明公约以及法规——《物业管理条例》和公共契约等，都规范了管理者、被管理者必须遵循的准则。物业服务企业必须做到执法必严，直接监督，杜绝以

权代法、以情代法的现象。凡是遇到有损物业环境的行为，都应该进行耐心教育和严格依法处罚，绝不因人而异。

二、保洁管理的工作内容及工作范围

1. 保洁管理的工作内容

（1）辖区内所有公共场地的清洁

辖区内所有公共场地的清洁包括物业管理辖区内楼宇、住宅从顶楼到底层共用场地的清洁；垃圾的收集和清运；共用雨水、污水管道的疏通；雨水、污水井的检查；化粪池的检查、清掏；二次供水箱的检查、清洗等。

（2）强化环境卫生管理

强化环境卫生管理包括对乱丢垃圾，从楼上往下乱扔垃圾、废物，杂物、废旧物品侵占共用场地，乱涂、乱画、乱张贴，产生污水、烟尘，垃圾堵塞下水道等现象大力劝阻、制止等。以及清理物业内违章搭建建筑，清洁卫生方面知识的宣传，物业管理辖区内市政共用设施的管理，其他有关环境清洁卫生管理的内容。

2. 保洁管理的工作范围

（1）公共地方的保洁

公共地方的保洁是一个平面的概念，即指物业区域内，楼宇前后、左右的公共地方，包括道路、广场、空地、绿地等的清扫保洁。

（2）共用部位的保洁

共用部位的保洁是一个垂直的概念，即指楼宇底层至顶层层面上下空间的共用部位，包括楼梯、走道、电梯间、大厅、平台等的清扫保洁。

（3）生活垃圾的处理

生活垃圾的处理是指日常生活垃圾的分类收集、处理和清运。要求和督促业主和使用者按规定的地点、时间和要求，将日常垃圾倒入专用容器或者指定的垃圾收集点，不得擅自乱倒。

三、保洁管理的质量标准

1. “五定”

“五定”即“定人、定地点、定时间、定任务、定质量”。对卫生保洁范围内的任何地方都应该有专人负责清扫、保洁工作，并明确其清扫、保洁的具体内容、任务、时间、频度和质量要求；而每一名清扫、保洁人员都应该清楚地知晓自己负责清扫、保洁的具体范围、时间、任务、频度和质量要求。不同类型、不同档次的物业对楼宇内公共部位卫生保洁的质量要求是不同的，物业服务企业要根据自己所管物业的特点和实际情况制定相应的清扫或卫生保洁的具体要求，并且这些要求一定要做到具体和明确，以便于监督和检查。

如楼梯每日要清扫几次，质量要求达到何等净度标准；每日应做什么、做多少次，每周要做什么，每月要做什么等。清扫任务一定要规定得既具体又明确，使任务和责任落实到每一个人。

2. “六不”“六净”

“六不”即“不见积水、不见积土、不见杂物、不漏收堆、不乱倒垃圾、不见人畜粪”；“六净”即“路面净、路沿净、人行道净、雨水口净、树坑墙根净、果皮箱净”。

3. “当日清”

“当日清”即垃圾的清除必须及时，做到当日垃圾当日清除，并建立合理的分类系统。如果采用垃圾通道的方式，要保持通道清洁；如采用在各层楼道设垃圾桶或分发垃圾袋方式，必须设专人负责，最后收集送到垃圾站或垃圾转运站。对于粪便应纳入城市污水处理系统。

四、保洁管理的基本措施

物业环境卫生保洁的基本措施是指物业服务企业为了创造整洁、卫生、优美、舒适的物业环境所采取的行之有效的管理办法和手段。一般来说，物业环境卫生保洁的基本措施主要有以下几个方面：

1. 加强卫生保洁设施和设备建设

物业服务企业环卫部要做好环境卫生管理工作，必须备有相应的卫生保洁设施，这些设施主要包括：

（1）环卫车辆

环卫车辆主要包括清扫车、洒水车、垃圾运输车、粪便清运车等。

（2）便民设施

便民设施是指为方便居民和大众、维护环境卫生和保洁成果的卫生设施，如果皮箱、垃圾桶、垃圾清运站等。

（3）清洁设备

物业服务企业常用的清洁设备有擦地机、抛光机、地毯清洗机、吸水机、吸尘器等。

物业服务企业应多方筹集资金，添置新型卫生设施，同时还应该做好这些卫生设施的保养和维修工作。

2. 制定保洁管理制度

制定环卫保洁管理制度是清扫、保洁工作取得实际成效的基本保证。一般来说，比较完整的管理制度应包括环卫部劳动纪律管理规定和环卫部奖罚条例两个方面的内容。

（1）环卫部劳动纪律管理规定

基本内容包括：按时上、下班，不迟到，不早退；上班时不得无故离开岗位，有事离岗必须得到领班同意后才能离岗；不得无故旷工；有病须请假，请事假必须经过上级领导批准；无论何种情况，都必须听从上级领导的调配；负责或承包的岗位，卫生必须达到规定的质量标准；当班时不准做与工作无关的事情（如看书报、做私活等），如有特殊情况，必须经批准方可办理；当班时，不得大声喧哗、说笑、追打；运送物品，必须使用内部货梯或工作人员用梯，不得乘坐客梯；不得私拿公物，有意损坏或丢失卫生保洁工具、器具和材料用品者，必须照价赔偿；上班时必须穿戴整洁，佩戴岗位证，不得穿短裤、背心、拖鞋上岗；当班时，不准打私人电话；对物业业主和使用者的投诉必须立即处理，不得与其发生争执；做好交接班工作，互帮互助，以礼相待；不得浓妆艳抹，佩戴耳环、首饰，留长发、长指甲等；拾金不昧，拾到物品应立即上交领班。

（2）环卫部奖罚条例

奖励分为精神奖励（表扬、记功）、物质奖励（奖品、奖金）。惩罚可根据过失的程度分别给予：批评教育、警告及罚款；降职、降薪、记过、留岗查看、劝退或辞退等处理。如有违法乱纪行为者，除做及时除名或开除处理外，对于情节严重者，还要移交司法机关，追究其法律责任。

3. 制定定量、定期考核标准

物业环境卫生保洁工作的考核是以保洁操作细则的具体要求为标准的。根据考核的时间、频度不同，可分为每日、每周、每月的保洁工作考核标准。下面仅以小区管理（含高层楼宇）为例来介绍其卫生保洁工作的考核内容与标准。

（1）每日卫生保洁操作考核标准

每日卫生保洁的项目主要包括物业区域的人行道、机动车道、绿化区域、建筑物的各楼层过道和通道、楼梯及扶手、生活垃圾（包括垃圾箱内的垃圾）、电梯间、男女卫生间等。

（2）每周卫生保洁操作考核标准

每周卫生保洁的项目主要包括建筑物的天台、天井，各楼层公共走廊，用户信箱，电梯表面保护膜，手扶电梯打蜡，共用部位门窗，空调风口百叶，地台表面，储物室等。

（3）每月卫生保洁操作考核标准

每月卫生保洁的项目主要包括建筑物公共部位的天花板、四周墙板，小区级共用部位窗户、共用电灯灯罩、灯饰、地台表面、卫生间抽排气扇、地毯等。

4. 做好物业区域的日常卫生保洁工作

（1）清扫与保洁

物业区域面积一般较大，要清扫与保洁的范围、项目和内容也较广泛，除了解建筑物及其内部各项目和内容的保洁外，还要特别注意道路的清扫与保洁。道路的清扫目的在于除污去尘，在有条件的物业服务企业，可采用洒水和水洗路面的保洁方式。这种保洁方式在夏季不仅可以降低气温，增加湿度，还可以减少空气中的含尘量。但这种方式也存在着严重的弊端：一是不利于节约用水；二是容易造成浊水横流。对于每天清扫的项目和内容，必须确保全日保洁。另外，在清扫与保洁过程中，一定要做到“六不”“六净”和“五无”。

（2）生活废弃物的清除

生活废弃物的清除应做到及时收集，迅速送到适当地点（垃圾转运站、垃圾堆放场），以便于进行无害化处理。根据现行城市环境卫生的有关规定，以煤气（包括液化气）为燃料的地区，必须实行垃圾袋装化。在物业管理实践中，这一规定的实施范围逐渐扩大，如有的物业服务企业规定，装修垃圾（建筑垃圾）必须装袋（蛇皮袋）并运放到规定地点。这一做法实际上是学习国外先进管理经验的产物。据悉，法国等西方国家自 20 世纪 60 年代起就提倡生活垃圾分类化、资源化、减量化处理，从而大大改善了人们生产、生活环境的质量。

5. 做好环卫宣传工作，增强居民环保意识

环境卫生保洁工作一要经常，二要保持。因此，保洁部在做好卫生保洁工作的同时，要做好环境保护的宣传教育工作，注意提高人们的环境保护意识，将纠正不良卫生习惯与环境卫生管理相结合，使居民和用户自觉地参与到物业环境管理工作中去，在双方共同的努力下，才能创造出优美、洁净的物业环境。从一个较高的层次来看，做好环卫宣传教育工作，有助于使人们形成科学的、理性的价值观念、伦理观念、审美观念、自然观念、社会观念和自我意识等，并以之指导人们对自然界、社会的适应、改造，从而获得人们自身所需的生活资料和各种服务与享受，满足人们物质、精神、交往、发展等方面的需要。

五、保洁管理机构设置与职责划分

1. 保洁管理机构的设置方式

为了做好物业区域的环境保洁管理，首先，物业服务企业应当确定物业区域的环境保洁管理模式，并在此基础上设置不同的保洁管理机构。保洁管理模式主要有以下几种：

（1）委托式

委托式即物业服务企业将物业区域的环境保洁管理工作委托给专业的保洁公司负责，物业服务企业只需配备 1～2 名管理人员，根据委托协议对保洁公司进行检查、监督、评议即可。

（2）自主式

自主式即物业区域的保洁管理工作完全由物业服务企业自己负责。采用这种模式，主要是因为物业区域规模大、类型多。在这种情况下，物业服务企业往往有能力建立一个比较完备的物业保洁管理结构，保洁部的设置如图 3—2—1 所示。

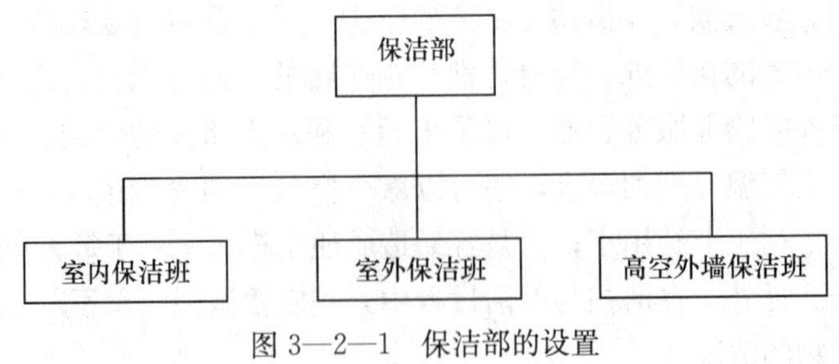

图 3—2—1 保洁部的设置

(3) 结合式

结合式即物业区域的保洁管理工作一部分由物业服务企业自己负责，一部分由专业保洁公司负责，也就是自主式与委托式相结合的方式。采用这种模式时，往往是将高层楼宇外墙的清刷任务交给专业保洁公司来完成。

2. 保洁管理人员的职责划分

物业保洁管理人员一般由部门经理、技术人员、班组长、保洁员和仓库保管员等几部分人员组成，各岗位的岗位职责如下：

(1) 部门经理的职责

1) 按照物业服务企业的管理方针、目标和任务，制订环境卫生的保洁计划和费用预算，组织安排各项保洁的具体工作。

2) 经常在物业区域内巡查，检查各区域、各保洁任务的完成情况，并及时做出相应的处理意见。

3) 积极对外接洽各种保洁服务业务，做好对外提供保洁服务的创收工作。

4) 定期向物业服务企业和业主汇报有关情况，听取有关意见和建议，积极改进工作，并接受物业所在地环境卫生行政管理部门的业务指导和监督。

(2) 技术人员的职责

1) 配合部门经理工作，拟订实施物业保洁计划的方案。

2) 指导使用专用的保洁设施与机械设备。

3) 随时检查和保养保洁机械设备。

4) 协助检查、监督保洁区域和保洁项目任务的完成情况。

(3) 班组长的职责

1) 按照部门经理或当日主管的指示，具体落实保洁任务和人员的安排。

2) 检查本班组员工出勤和工作情况，做好考核评估工作。

3) 检查或巡查所辖范围的保洁成效，发现问题马上纠正。

4) 检查督促本班组员工使用、保养保洁器具和机械设备，以减少损耗，控制成本。

(4) 保洁员的职责

1) 遵守劳动纪律，统一着装上岗。

2) 听从领班安排，按规定标准保质保量地完成个人所应当完成的任务。

3) 严格按照保洁程序，确保保洁成果的持续性。

(5) 仓库保管员的职责

1) 按时到达工作岗位，及时巡视仓库物品，发现问题及时上报。

2) 认真做好仓库的安全、保洁工作，及时检查、清除火灾等危险隐患。

3) 严格仓库管理制度，做好保洁器具和材料用品的收发工作。

4) 物品入库、出库都要及时入账，当日单据当日清。

5) 做好月底盘点工作，及时结出月末库存数量，编制库存采购计划，及时呈报主管。

思考与练习

1. 什么是保洁管理？保洁管理的原则是什么？

2. 保洁管理的工作内容是什么？

3. 保洁管理机构设置与职责划分各是什么？

4. 保洁管理的质量标准是什么？

5. 保洁管理的基本措施是什么？

6. 利用网络收集住宅小区、商业楼宇的保洁管理方案，分析保洁管理方案的主要结构和内容，并归纳出保洁管理方案的基本格式和提纲。

7. 某园林式花园小区占地总面积为4万 m^2，小区内有多层住宅30栋，高层住宅3栋，共计980套商品住宅。小区内居住环境优美、清洁、舒适，有艺术雕塑、建筑小品、群体绿化。为方便居民生活，小区内还设有停车场、停车库、网球场、人工湖等设施。请为该小区设计一套保洁管理方案。

第3节　物业环境的污染与防治

人们将其在生产、生活和其他活动中产生的废弃物或有害物质过量地排入环境，其数量和浓度超过了环境的自净能力或生态系统的负载限额，导致环境质量下降或恶化的现象称为环境污染。造成环境污染的物质被称为污染物。具体来说，就是人们在生产和生活过程中，排入大气、水、土壤中的有毒、易于扩散，并引起环境恶化、破坏生态平衡及对人身健康有危害的物质，叫做环境污染物。污染物按形态不同，可分为废气、废水、固体废物、有毒化学品、放射性物质、噪声等。产生有害物质的设备、装置、场所、活动等称为污染源。

污染防治是指控制人类活动向环境排放污染物的种类、数量和浓度。人们必须采取一切有效措施，控制和治理现有的污染物；对已排放的污染物和废弃物进行减量化、无毒化、资源化处理；控制和减少新的污染源的产生，以此来遏制环境质量的恶化，并逐步恢复和改善环境的质量。

一、物业大气污染与防治

1. 产生大气污染的原因

人类活动向大气中排放的各种有毒、有害气体和烟尘等污染物超过了一定界限，影响了人类健康，便造成了大气污染。据统计，已产生的大气污染物有100多种，其中主要是二氧化硫、氮氧化物、一氧化碳、二氧化碳和粉尘等。造成物业环境大气污染的主要原因如下：

（1）直接以煤炭作为能源燃烧，导致烟尘、二氧化硫、二氧化碳等的过量排放。

（2）燃油机动车超量排放尾气。

（3）基建工地扬尘及物业维修和装修造成的粉尘污染。

（4）不当燃烧，如焚烧垃圾、沥青以及燃放烟花爆竹等。

（5）辖区内工业企业在生产过程中排放的废气和粉尘。

2. 物业大气污染防治的途径

防治空气污染的根本方法是从污染源着手，通过大力削减污染物的排放量来保证空气环境的质量。但目前的经济技术条件还不足以彻底根治污染源，因此，空气环境的治理需要采取各种措施，进行综合防治。

（1）合理利用环境自净条件，保护空气环境

一是做好空气环境规划，科学利用空气环境容量。根据大气自净条件，定量、定点、定时间地向大气排放污染物，在保证大气中的污染物浓度不超过环境目标的前提下，合理利用大气环境资源。二是选择有利于污染物扩散的排放方式，如采用高烟囱和集合烟囱排放等。三是做好绿化建设，发展绿色植物，减少扬尘和增加物业环境的自净能力。

（2）采用空气污染控制技术

一是改变能源结构，推广新能源和清洁能源。我国的大气污染主要是煤烟型污染，因此，要大力提倡使用煤气、天然气、沼气等清洁燃料，并大力开发太阳能、风能等新能源。二是发展集中供热。城市气化和集中供热是城市环境综合整治的重要内容。在物业环境中采取区域集中供暖、供热，有着明显的经济效益和环境效益。

（3）加强空气环境管理

一是禁止在物业辖区内焚烧沥青、油毡、橡胶、塑料、皮革、落叶和绿化修剪物等能产生有毒、有害气体和恶臭气体的物质。特殊情况下确需焚烧的必须报经当地环保部门批准。二是严格控制管区内工业生产向大气排放含有毒物质的废气和粉尘。对确需排放的必须经过净化处理后达标排放。三是加强车辆管理，限制机动车辆驶入管区，既能减少尾气排放量，又能降低噪声。四是在物业维修、装修时，尽量采取防止扬尘的措施。五是平整和硬化地面，减少扬尘。

（4）加强对空气污染的监测

物业环境中空气污染的防治很重要的内容之一就是对空气质量进行监测。

二、物业水体污染与防治

1. 产生水体污染的原因

水体污染有两个主要原因：第一，人类的活动使大量污染物质直接或间接排入水体，使水体的物化性质及生物群落发生变化，从而降低水体的使用价值；第二，水体中的生物群落在适当的条件和外界因素影响下，滋生大量有害微生物，成为危害人体健康的疾病源。

2. 物业水体污染防治的途径

物业环境中水体的污染主要是由于工业废水和城市污水的任意排放以及疏于对二次供水的管理而造成的。因此，要控制和进一步消除水的污染，必须从控制废水的排放入手，将“防”“治”“管”三者结合起来。有效控制物业环境中水体污染的基本途径有以下几个方面：

(1) 减少污染源排放的工业废水量。可采取的措施包括以下几点：

1) 改革生产工艺。尽量不用或少用水，尽量不用或少用易产生污染的原料、设备及生产工艺。

2) 重复利用废水。尽量采用重复用水及循环用水系统，使废水排放量减至最少。

3) 回收有用产品。尽量使流失至废水中的原料和成品与水分离，就地回收，这样做既可降低生产成本，增加经济收益，又可大大降低废水浓度，减轻污水排放带来的负担。

(2) 降低污水的有害程度

在目前的社会生产条件下，产生工业和生活污水是不可避免的。为了确保水体不被污染，就必须在废水排入水体之前对其进行妥善处理，使水质达到排放标准和不同的利用要求。污水处理的方法有多种，如物理处理法、化学处理法、物理化学法、生物处理法等。

(3) 加强生活饮用水二次供水卫生管理

生活饮用水二次供水是指通过储水设备和加压、净化设施，将自来水转供业主或使用者生活饮用的供水形式。为了有效地防止污染，物业服务企业必须设专人对供水的水源以及蓄水池、水箱和管道进行管理，定期对蓄水池和水箱进行清理，按照规定进行消毒，确保达到饮用标准。负责饮用水管理的人员要经过专业培训后才能上岗。

三、物业固体废弃物污染与防治

1. 固体废弃物污染产生的原因

固体废弃物是指生产、生活和其他活动中产生的，在一定时间和地点不再需要而丢弃的固态、半固态或泥态物质。物业环境中的固体废弃物包括生活垃圾、建筑垃圾、工业固体废弃物以及废水处理渣、污水处理渣等。

2. 物业固体废弃物污染防治的途径

固体废弃物呆滞性强，扩散性弱，它对环境的影响主要是通过水、土、气进行的。它既是水体、空气和土壤环境的污染源，又是接受污染的环境，往往是许多污染成分的终极形态。所以，对固体废弃物污染防治的途径重点应放在管理上。就物业管理而言，主要防治措施有以下几点：

(1) 全过程管理。坚持实行谁生产废弃物，由谁承担相应义务的原则，从产生、排放、收集、运输、存储、综合利用、处理到最终处置的全过程，在每一个环节都实行控制和监督管理，并提出防治要求。

(2) 物业服务企业建立垃圾分类收集系统，逐步实现“三化”（无害化、减量化、资源化）。

（3）对垃圾处理要及时，防止二次污染，有条件的可自己处理，没有条件的应把垃圾送到城市垃圾处理中心集中处理。对无机垃圾，可采用填埋处理方式；对有机垃圾、动植物尸体等可经过高温灭菌无害化处理，制成有机肥输送农田。

（4）有害垃圾不得混入生活垃圾，大件生活废弃物应按照规定时间到指定收集场所投放。

（5）将粪便纳入城市污水处理系统。

（6）沟泥要进行固液分离、固体干化科学处理，提高无害化处理率，然后输送到农林生态系统。

四、物业噪声污染与防治

噪声污染是指人类活动产生的环境噪声超过国家规定的分贝标准，妨碍人们工作、学习、生活和其他正常活动的现象。我国《城市区域环境噪声标准》中规定：一般居住区和文教区的白天噪声标准是50 dB，夜间是40 dB；工业集中区白天是65 dB，夜间是55 dB。但在今天，随着工业和交通运输业的发展，噪声超标现象越来越严重，已经干扰了人们的生活，甚至影响健康，成为环境污染的重要因素之一。

1. 产生噪声污染的原因

（1）交通运输噪声

物业区域内的道路和紧邻物业周边的城市道路，以及其上空的各种交通工具发出的噪声，造成直接污染，是物业区域主要噪声来源之一。

（2）建筑施工噪声

在物业区域外若有建筑工地，各种机械操作带来的严重振动和噪声等公害，使物业环境受到间接污染，对附近居民的生活造成很大的干扰。物业区内本身的维修和装修活动也会产生施工噪声。

（3）工业噪声

工业噪声大，而且持续时间长，不仅直接给生产工人带来危害，对附近居民也有很大影响。

（4）社会生活噪声

社会生活噪声主要包括商业设施噪声、教育设施噪声和居民生活噪声三类。例如，户外农贸市场的嘈杂声、小区内卡拉OK的歌唱声、学校和幼儿园广播喇叭声、儿童的哭闹声等。

2. 物业环境噪声污染的控制措施

（1）禁止在住宅区、文教区和其他特殊地区设立产生噪声污染的生产、经营项目。

（2）禁止在夜间（一般指晚22：00至次日晨6：00内）从事施工作业，以免影响他人休息，特殊情况除外。

（3）禁止机动车在禁止鸣笛区域内鸣笛。控制机动车辆驶入物业区内，对于允许驶入的车辆应控制车速，以降低噪声，并禁止鸣喇叭。

（4）控制辖区内文化娱乐活动声响，使用音响设备、乐器时，应采取有效措施控制音响不得影响他人的正常生活。

五、白蚁防治

白蚁是一种活动隐蔽、过群体性生活的"社会性昆虫"，每一个群体因种类不同，其个体从数百个到数百万个。白蚁以木材和含木纤维的物品作为食物，故木建筑物、木桥、枕木、船只、衣物、书籍、纸张及农作物都受到其危害。白蚁共有 2 000 多种，我国目前已知的白蚁有 400 多种，主要分布在北京及以南各省市，特别以南方温暖潮湿地区最多。对白蚁虫害的防治应该从预防和治理两方面入手。

1. 白蚁的预防措施

（1）新建房屋的白蚁预防

施工前的现场要断绝场地上遗留的白蚁食料，间接地消灭白蚁，减少白蚁生存的可能性；对现场的木构件要切断白蚁的汲水线路，避免白蚁直接为害，延长木构件的使用年限。木构件的预处理可使用杀白蚁药物涂刷、浸泡等，也可经 60℃以上高温处理。

（2）装修材料的白蚁预防

家庭要进行装修时，必须对家装材料进行预处理，避免将白蚁带入室内。家装材料的预处理方法与木构件预处理基本相同。

（3）保持室内外清洁

清除杂物，室内物品摆放有序，不留任何可吸引白蚁的废弃物，尤其是不能留木质废弃物、纸张、破旧衣物等。

2. 白蚁的治理措施

（1）物理处理

1）挖巢法。对于营大型巢的家白蚁，可以采用挖巢法处理。但由于挖巢容易破坏建筑以及防治效果存在局限性，家庭白蚁防治中很少采用。

2）诱杀法。利用白蚁的趋食性，有翅成虫的趋光性、趋食性，创造一些条件，满足这些趋性的要求，引诱白蚁集中进行杀灭。

3）热杀法。将被蛀食的物品置于 60℃的温度下，4 h 后能有效杀灭其中的白蚁。另外，还可扑打会飞的白蚁，但效果不好。

（2）化学处理

由于白蚁是一类危害严重的社会性昆虫，家庭发现白蚁后自行施药处理往往收效甚微，且会给进一步的防治工作造成相当大的难度，因此，家庭白蚁防治应注意预防措施的落实。一旦家中发现白蚁，除自行采用物理方法灭蚁外，应尽快寻求专业机构进行处理。

思考与练习

1. 什么是污染？什么是污染防治？

2. 大气污染的原因有哪些？大气污染防治的途径有哪些？

3. 水体污染的原因有哪些？水体污染防治的途径有哪些？

4. 固体废弃物污染的原因有哪些？固体废弃物污染防治的途径有哪些？

5. 噪声污染的原因有哪些？噪声污染防治的途径有哪些？

6. 白蚁防治的措施有哪些？

7. 对所处地区的大型住宅区、商业区进行实地调研，了解负责该区域的物业服务企业应对物业环境污染的主要措施有哪些？其采用的主要防治措施和相关设备有哪些？试撰写调查报告。

第四章　物业房屋及附属设备设施管理

第 1 节　房屋的日常养护和维修

一、房屋损坏的原因

房屋建筑在使用过程中，随着时间的推移会产生各种形式的损坏现象。分析损坏的原因，可分为自然损坏和人为损坏。

自然损坏是房屋受风、霜、雨、雪及有害气体的侵蚀、材料老化或蛀蚀等造成的，人为损坏则是因使用过程中的碰撞、磨损或过载等因素造成的。房屋建筑的自然损坏和人为损坏必然导致房屋结构安全和使用功能的降低或丧失，为延长房屋建筑的合理使用寿命，预防并控制房屋建筑的损坏，恢复其原有的功能，就必须运用一定的技术手段和方法，对房屋建筑进行有针对性的维修和管理。

二、房屋日常养护

房屋日常养护是指物业服务部门为确保房屋的完好和正常使用所进行的经常性的修理，季节性预防保养以及房屋的正确使用、维护管理等工作，是物业服务企业房屋修缮管理的重要环节。通过对房屋的日常养护，可以维护房屋和设备的功能，使发生的损坏及时得到修复；对一些由于天气的突变或隐蔽的物理、化学损坏导致的猝发性损坏，不必等大修周期到来就必须及时处理。同时，经常检查房屋完好状况，从养护入手，可以防止事故的发生，延长大修周期，并为大、中修提供查勘、施工的可靠资料，最大限度地延长房屋的使用年限。

房屋养护的原则是：因地制宜，合理修缮；对不同类型的房屋要制定不同的维修和养护标准；定期检查，及时维护；加强对二次装修的管理，确保安全，保证正常使用；最有效地合理使用维修基金；最大限度地发挥房屋的有效使用功能。

1. 房屋日常养护的类型

（1）零星养护

房屋的零星养护修理是指结合实际情况确定或因突然损坏引起的小修，包括以下内容：

1）屋面筑漏（补漏）、修补屋面、修补泛水、屋脊等。

2）钢、木门窗整修，拆换五金件，配玻璃，换窗纱，涂漆等。

3）修补楼地面面层，抽换个别楞木等。

4）修补内外墙、抹灰、窗台、腰线等。

5）拆砌、挖补局部墙体、个别拱圈，拆换个别过梁等。

6）抽换个别檩条，接换个别木梁、屋架、木柱，修补木楼等。

7）水卫、电气、暖气等设备的故障排除及零部件的修换等。

8）下水管道的疏通，修补明沟、散水、落水管等。

9）房屋检查发现的危险构件的临时加固、维修等。

日常零星养护项目主要通过维修管理人员走访住户以及业主或住户的随时报修两个渠道来收集。零星养护的特点是修理范围广，项目零星、分散，时间紧，要求及时，具有经常性的服务性质。零星养护应力争做到“水电急修不过夜，小修项目不过三，一般项目不过五”。

（2）计划养护

房屋的各种构件、部件均有其合理的使用年限，超过这一年限一般就开始不断出现问题。因此要管好房屋，就不能等到问题出现后再采取补救措施，而应该订立科学的大、中、小修三级修缮制度，以保证房屋的正常使用，延长其整体的使用寿命。这就是房屋的计划养护。

例如，房屋的纱窗每 3 年左右就应该刷一遍铅油进行保养；门窗、壁橱、墙壁上的油漆、油饰层一般 5 年左右应重新油漆一遍；外墙每 10 年应彻底进行一次检修、加固；照明电路明线、暗线每年检查线路老化和负荷的情况，必要时可局部或全部更换等。这种定期保养、修缮制度是保证房屋使用安全、完好的非常重要的制度。

物业服务企业应根据具体楼宇所选用的设备、材料型号的质量来推算其使用年限。另外，还要做好季节性的预防保养工作，如防台风、防汛、防梅雨、防冻、防治白蚁等。

2. 房屋日常养护的内容

（1）地基基础的养护

地基属于隐蔽工程，发现问题后采取补救措施比较困难，应给予足够的重视。主要应从以下几个方面做好养护工作：

1）坚决杜绝不合理荷载的产生。地基基础上部结构使用荷载分布不合理或超过设计荷载，会危及整个房屋的安全，而在基础附近的地面堆放大量材料或设备，会形成较大的堆积荷载，使地基由于附加压力增加而产生附加沉降。所以，应从内外两个方面加强对日常使用情况的技术监督，以防止出现不合理荷载状况。

2）防止地基浸水。地基浸水会使地基基础产生不利的工作条件，因此，对于地基基础附近的用水设施，如上下水管、暖气管道等，要注意检查其工作情况，防止漏水。同时，要加强对房屋内部及四周排水设施（如排水沟、散水等）的管理与维修。

3）保证勒脚完好无损。勒脚位于基础顶面，将上部荷载进一步扩散并均匀传递给基础，同时起到基础防水的作用。勒脚破损或严重腐蚀剥落，会使基础受到传力不合理的间接影响而处于异常的受力状态，也会因防水失效而产生基础浸水的直接后果。所以，勒脚的养护不仅仅是美观的要求，更是地基基础养护的重要部分。

4）防止地基冻害。在季节性冻土地区，要注意基础的保温工作。对按持续供热设计的房屋，不宜采用间歇供热，并应保证各房间采暖设施齐备有效。如在使用中有闲置不采暖房间，尤其是与地基基础较近的地下室，应在寒冷季节将门窗封闭严密，防止冷空气大量侵入，如还不能满足要求，则应增加其他的保温措施。

（2）楼地面工程的养护

楼地面工程常见的材料多种多样，如水泥砂浆、大理石、水磨石、地砖、塑料、木材、马赛克、缸砖等。水泥砂浆及常用的预制块地面的受损情况有空鼓、起壳、裂缝等，而木地板更容易被腐蚀或蛀蚀。在一些高档装修中采用的纯毛地毯则在耐菌性、耐虫性及耐湿性等方面性能较差。所以，应针对楼地面材料的特性做好相应的养护工作。通常需要注意以下几个主要方面：

1）保证经常用水房间的有效防水。对厨房、卫生间等经常用水的房间，一方面，要注意保护楼地面的防水性能，更须加强对上下水设施的检查与保养，防止管道漏水、堵塞，造成室内长时间积水而渗入楼板，导致侵蚀损害。另一方面，一旦发现问题应及时处理或暂停使用，切不可将就使用，以免形成隐患。

2）避免室内受潮与虫害。由于混凝土防潮性有限，在紧接土壤的楼层或房间，水分会通过毛细现象透过地板或外墙渗入室内；而在南方，空气湿度经常持续在较高的水平，常因选材不当而产生返潮（即结露）现象。这是造成室内潮湿的两种常见原因。室内潮湿不仅影响使用者的身体健康，大部分材料也会因在潮湿环境中容易发生不利的化学反应而变性失效，如腐蚀、膨胀、强度降低等，造成重大的经济损失。所以，必须针对材料的各项性能指标做好防潮工作，如保持室内有良好的通风等。

建筑虫害包括直接蛀蚀与分泌物腐蚀两种，由于通常出现在较难发现的隐蔽部位，所以，更须做好预防工作。尤其是分泌物的腐蚀作用，如常见的建筑白蚁病，会造成房屋结构的根本性破坏，导致无法弥补的损伤，使得许多高楼大厦无法使用而被迫重建。无论是木构建筑还是钢砼建筑，都必须对虫害预防工作采取足够的重视。

3）控制与消除装饰材料产生的副作用。装饰材料的副作用主要是针对有机物而言的，如塑料、化纤织物、涂料、化学黏合剂等，常在适宜的条件下产生大量有害物质，危害人的身心健康，影响正常工作与消防安全。所以，在选用有机装饰材料时，必须对它所能产生的副作用采取相应的控制与消除措施。如化纤制品除静电、地毯防止螨虫繁殖等。

（3）墙台面及吊顶工程的养护

墙台面及吊顶是房屋装修工作的主要部分，它通常包括多种类型，施工复杂，耗资比重大，维修工序烦琐，常常牵一发而动全身。所以，做好对它的养护工作，延长其综合使用寿命，直接关系到业主与管理机构的经济利益。

墙台面及吊顶工程一般由下列装饰工程中的几种或全部组成：抹灰工程、油漆工程、刷（喷）浆工程、裱糊工程、块材饰面工程、罩面板及龙骨安装工程。这些都要根据其具体的施工方法、材料性能以及可能出现的问题采取适当的养护措施。但无论对哪一种工程的养护，都应满足以下几个共性的要求：

1）定期检查，及时处理。定期检查一般不少于每年一次。对容易出现问题的部位重点检查，尽早发现问题并及时处理，防止产生连锁反应，造成更大的损坏。对于使用磨损频率较高的工程部位，要缩短定时检查的周期，如台面、踢脚、护壁以及细木制品的工程等。

2）加强保护与其他工程衔接处。墙台面及吊顶工程经常与其他工程相交叉，在相接处要注意防水、防腐、防胀。如水管穿墙加套管保护，与制冷、供热管相接处加绝热高强度套管。墙台面及吊顶工程在自身不同工种相接处，也要注意相互影响，采取保护手段与科学的施工措施。

3）保持清洁与常用的清洁方法。经常保持墙台面及吊顶清洁，不仅是房间美观、卫生的要求，也是保证材料处于良好状态所必需的。灰尘与油腻等积累太多，容易导致吸潮、生虫以及直接腐蚀材料。所以，应做好经常性的清洁工作。清洁时需根据不同材料的性能采用适当的方法，如防水、防酸碱腐蚀等。

4）注意日常工作中的防护。各种操作中要注意防止擦、划、刮伤墙台面，防止撞击。遇有可能损伤台面材料的情况，要采取预防措施。在日常工作中有难以避免的情况，要加设防护措施。如在台面上养花、使用腐蚀性材料等，应有保护垫层。在墙面上张贴、悬挂物品，严禁采用可能造成损伤或腐蚀的方法和材料，如不可避免，应请专业人员施工，并采取必要的防护措施。

5）注意材料所处的工作环境。遇有潮湿、油烟、高温、低温等非正常工作要求时，要注意墙台面及吊顶材料的性能，防止其处于不利环境而受损。如不可能避免，应采取有效的防护措施，或在保证可复原条件下更换材料，但均须由专业人员操作。

6）定期更换部件，保证整体协调性。由于墙台面及吊顶工程中各工种以及某一工程中各部件的使用寿命不同，因此，为保证整体使用效益，可通过合理配置，使各工种、各部件均能充分发挥其有效作用，并根据材料部件的使用期限与实际工作状况及时予以更换。

（4）门窗工程的养护

门窗是保证房屋使用正常、通风良好的重要部位，应在管理使用中根据不同类型门窗的特点注意养护，使之处于良好的工作状态。如木门窗易出现的问题有门窗扇下垂、弯曲、翘曲、腐朽、缝隙过大等；钢门窗则易产生翘曲变形、锈蚀、配件残缺、露缝透风、断裂、损坏等常见病；而铝合金门窗易受到酸雨及建材中氢氧化钙的侵蚀。在门窗工程养护中应重点注意以下几个方面：

1）严格遵守使用常识与操作规程。门窗是房屋中使用频率较高的部分，要注意保护。在使用时，应轻开轻关；通风、雨天时，要及时关闭并固定；开启后，旋启式门窗扇应固定；严禁撞击或悬挂物品。避免长期处于开启或关闭状态，以防止门窗扇变形，关闭不严或启闭困难。

2）经常清洁及检查，发现问题不要拖延。门窗构造比较复杂，应经常清扫，防止积垢而影响正常使用，如关闭不严等。发现门窗变形或构件短缺失效等现象，应及时修理或申请处理，防止对其他部分造成破坏或发生意外事件。

3）定期更换易损部件，保持整体状况良好。对于使用中损耗较大的部件应定期检查及更换，需要润滑的轴心或摩擦部位要经常采取相应润滑措施，如有残垢，还要定期清除，以减少直接损耗，避免间接损失。

4）北方地区外门窗冬季使用管理。北方地区冬季气温低，风力大，沙尘多，外门窗易受损害，所以应做好养护工作。如采用外封式封窗，可有效控制冷风渗透与缝隙积灰。长期不用的外门也要加以封闭，卸下的纱窗要清洗及干燥，妥善保存，以防止变形或损坏。

5）加强窗台与暖气的使用管理。禁止在窗台上放置易对窗户产生腐蚀作用的物体，包括固态、液态以及会产生有害于门窗的气体的一切物品，北方冬季还应注意室内采暖设施与湿度的控制，使门窗处于良好的温、湿度环境中，避免出现凝结水或局部过冷、过热现象。

（5）屋面工程的养护

屋面工程在房屋中的作用主要是维护、防水、保温（南方为隔热）等，由于建筑工艺水平的提高，现在又增加了许多新的功能，如采光、绿化，举办各种活动，以及太阳能采集利用等。屋面工程施工工艺复杂，而最容易受到破坏的是防水层，它又直接影响到房屋的正常使用，并起着对其他结构及构造层的保护作用。所以，防水层的养护也就成为屋面工程维修、养护中的中心内容。

屋面防水层受到大气温度变化的影响，风雨侵蚀、冲刷、阳光照射等都会加速其老化，排水受阻或人为损害以及不合理荷载，经常造成局部先行破坏和渗漏，加之防水层维修难度大，基本无法恢复对防水起主要作用的整体性，所以，在使用过程中需要有一个完整的保养制度，以养为主，维修及时、有效，以延长其使用寿命，节省返修费用，提高经济效益。

1）定期清扫，保证各种设施处于有效状态。一般非上人屋面每季度清扫一次，防止堆积垃圾、杂物以及非预期植物如青苔、杂草的生长，遇有积水或大量积雪时，应及时清除，秋季要防止大量落叶、枯枝堆积。上人屋面要经常清扫。在使用与清扫时，应注意保护重要排水设施（如落水口等）以及防水关键部位（如大型或体形较复杂建筑的变形缝等）。

2）定期检查、记录，并对发现的问题及时处理。定期组织专业技术人员对屋面各种设施的工作状况按规定项目内容进行全面详查，并填写检查记录。对非正常损坏要查找原因，防止产生隐患；对正常损坏要详细记录其损坏程度。检查后，对所发现的问题及时汇报处理，并适当调整养护计划。

3）建立大修、中修、小修制度。在定期检查、养护的同时，根据屋面综合工作状况，进行全面的小修、中修或大修，可以保证其整体协调性，延长其整体使用寿命，以发挥其最高的综合效能，并可以在长时期内获得更高的经济效益。

4）加强屋面使用的管理。在屋面的使用中，要防止产生不合理荷载与破坏性操作。上人屋面在使用中要注意污染、腐蚀等常见病，在使用期应有专人管理。屋面增设各种设备，如天线、广告牌等，首先要保证不影响原有功能（包括上人屋面的景观要求），其次要符合整体技术要求，如对屋面产生荷载的类型与大小会导致何种影响。在施工过程中，要有专业人员负责，并采用合理的构造方法与必要的保护措施，以免对屋面产生破坏或形成其他隐患，如对人或物造成危险。

5）建立专业维修和保养队伍。屋面工程具有很强的专业性与技术性，检查与维修、养护都必须由专业人员负责完成，而屋面工程的养护频率相对较低，所以为减轻物业服务企业的负担，并能充分保证达到较高的技术水平，更有效、更经济地做好屋面工程养护工作，应建立起由较高水平专业技术人员组成的专职队伍。

（6）通风道的养护管理

由于通风道在房屋建设和使用过程中都是容易被忽略而又容易出问题的部位，因此，对通风道的养护管理应该作为一个专项格外加以重视。首先在设计时就要尽量选用比较坚固耐用的钢筋混凝土风道、钢筋网水泥砂浆风道等，淘汰老式的砖砌风道、胶合板风道。而且必须选用防串味的新型风道。

在房屋接管验收时，一定要将通风道作为一个单项进行认真、细致的验收，确保风道畅通、安装牢固、不留隐患。在房屋使用过程中应注意以下几点：

1）住户在安装抽油烟机和卫生间通风机时，必须小心、细致地操作，不要乱打乱凿，以防止对通风道造成损害。

2）不要往通风道里扔砖头、石块或在通风道上挂东西，以免挡住风口，堵塞通风道。

3）物业服务企业每年应逐户对通风道的使用情况及有无裂缝、破损、堵塞等情况进行检查。发现不正确的使用行为要及时制止，发现损坏要认真记录，及时修复。

4）检查时可在楼顶通风道出屋面处测通风道的通风状况，并用铅丝悬挂大锤放入通风道检查其是否畅通。

5）通风道发现小裂缝应及时用水泥砂浆填补，严重损坏的在房屋大修时应彻底更换。

三、房屋的维修

1. 房屋维修服务程序

房屋维修日常服务主要是处理各种各样的小修项目，这些小修项目通常由物业管理人员的日常巡楼及业主（或住户）的日常报修两个渠道来收集。小修项目的特点是修理范围广，项目零星、分散，时间紧，要求及时，具有经常性的服务性质。房屋维修日常服务应力争做到“水电急修不过夜，小修项目不过三（天），一般项目不过五（天）”。

管理人员应根据房屋维修的计划表和随时发生的小修项目开列小修维修单。维修人员凭维修单领取材料（或经费），根据维修单开列的工程地点、项目内容进行施工。

2. 房屋维修工程分类

按照房屋损坏的实际情况，房屋维修工程共分为翻修工程、大修工程、中修工程、小修工程和综合维修工程五类。

（1）翻修工程

需全部拆除、另行设计、重新建造的工程称为翻修工程。翻修工程应尽量利用已拆除房屋旧料，其费用应低于该建筑物同类结构的新建造价。翻修后的房屋必须符合完好房屋标准的要求。翻修工程主要适用于以下几种情况：

1）主体结构严重损坏，丧失正常使用功能，有倒塌危险的房屋。

2）因自然灾害破坏严重，不能再继续使用的房屋。

3）地处陡峭易滑坡或地势低洼长期积水无法排出地区的房屋。

4）无修缮价值的房屋。

5）基本建设规划范围内需要拆迁恢复的房屋。

（2）大修工程

大修工程是指需牵动或拆换部分主体构件，但不需全部拆除的工程，一次费用在该建筑物同类结构新建造价的25%以上。大修后的房屋必须符合基本完好或完好标准的要求。大修工程主要适用于严重损坏房屋。

（3）中修工程

中修工程是指需牵动或拆换少量主体构件，但保持原房屋的规模和结构的工程，一次费用在该建筑物同类结构新建造价的20%以下。中修后的房屋70%以上必须符合基本完好或完好的要求。

中修工程主要适用于少量结构构件形成危险点的房屋，尤其是一般损坏的房屋。

（4）小修工程

小修工程是房屋的日常养护及修理，以保持房屋原来完损等级为目的，小修工程的综合年均费用为所管房屋现时造价的1%以下。

（5）综合维修工程

综合维修工程一般也称轮修工程，指成片多幢（大楼为单幢）房屋大、中、小修一次性应修、尽修的工程。综合维修工程一次费用应在该片（幢）建筑物同类结构新建造价的20%以上。综合维修后的房屋必须符合基本完好或完好标准的要求。综合维修的竣工面积数量在统计时计入大修工程。

3. 房屋维修管理的主要内容

房屋维修管理的内容主要包括房屋维修的计划管理、技术管理、质量管理、施工管理、资金管理五个方面。

（1）房屋维修的计划管理

物业服务企业应根据房屋的完损状况和完损等级，房屋及各类设施、设备的维修和更新周期，制订房屋维护、维修计划，并按计划完成对房屋的维护、维修，确保房屋的完好与正常使用。

要做好房屋维修计划管理，必须对房屋现状进行科学、可靠的鉴定。因此，物业服务企业和房屋管理部门要组织有关人员对管理的房屋定期进行检查和评定，对每栋房屋都评定出完损等级，并统计各类完损等级房屋的数量，以便科学地制订房屋维修计划和方案、进行维修技术设计、编制维修施工预算、提出维修资金使用计划、正确合理地进行维修施工，以达到维护房屋使用价值、合理延长房屋使用年限、实现正常住用和安全住用的目的。

（2）房屋维修的技术管理

房屋维修的技术管理是对维修施工项目的各项技术工作和技术活动的全过程进行计划、组织、协调与控制。房屋维修技术管理的作用是为实现企业施工目标提供强有力的技术支持和可靠的技术保障。房屋维修技术管理的主要内容包括以下两个方面：

1）基本的技术管理工作

①技术责任制度。在对企业各级技术人员进行系统分析的基础上，规定各种技术岗位的职责范围，把企业生产组织中的技术工作纳入统一管理的轨道，使企业各技术岗位人员能各负其责，切实保证施工技术工作的顺利进行和工程质量的提高。

②技术标准及方法。

③试验、检验、计量及技术装备。

④通过对房屋的现场查勘和科学鉴定，建立房屋技术资料及档案。

2）施工过程中的技术管理工作

①技术准备阶段的技术管理工作，包括维修工程技术方案的编制，中标文件的熟悉和审查，图样的熟悉、审查及会审，技术交底。

②工程实施阶段的技术管理工作，包括工程变更及洽商，技术措施，技术检验，材料及半成品的试验与检验，技术问题的处理，规范和标准的贯彻，季节性施工技术措施，工程技术资料的签证、收集、整理和归档等。

③技术开发管理工作，包括对技术开发与推广计划的制订、组织实施及总结和鉴定验收等工作。

④技术经济分析与评价，包括论证技术工作在技术上是否可行，在经济上是否合理；优化施工组织设计，优选新技术开发与推广项目，并对实施后的实际效果进行全面系统的技术评价与经济分析。

（3）房屋维修的质量管理

质量管理是房屋维修管理中最重要的一个环节，主要内容包括下面几个方面：

1）强化修缮工程质量监督。对于中修以上的房屋修缮工程，必须向房屋所在地的上级行政主管部门办理质量监督手续，未办理监督手续的不得施工。

2）加强工程质量检查和验收。中修以上的房屋维修工程应进行勘察设计，严格按照设计组织施工，修缮工程必须按有关质量标准逐项检测施工质量和工程质量，并按建设部《房屋修缮工程质量检验评定标准》的规定核验。工程竣工后，物业服务企业应对其进行评定验收，不合格的工程不得交付使用。

3）完善房屋维修工程质量保修制度。房屋维修工程应实行质量保修制度。质量保修的内容和期限应在合同中载明。

为了确定物业服务企业、业主和使用者应分别承担的修缮责任和担负修缮费用，房屋修缮责任划分的基本原则如下：

①新建房屋在保修期内。新建房屋从房屋竣工验收之日起，在规定的保修期内，由施工单位负责房屋质量保修。

②保修期满后。保修期满后，由业主承担房屋修缮责任，并承担修缮费用。对业主委托物业服务企业管理的物业，具体规定如下：

自然损坏时，若在保修期内，开发建设方应承担物业保修责任，且为物业保修的第一责任人，建筑施工单位是第二责任人；若在保修期外，由业主本人负责。发生人为损坏时，由损坏当事人承担物业的维修责任。

异产毗连房屋的业主对房屋的使用和修缮必须符合城市规划、房地产管理、消防和环境等部门的要求，并按照有利使用、共同协商、公平合理的原则，正确处理毗连关系；当异产毗连房屋发生损坏时，业主（或使用者）应当对房屋进行及时修缮，不得拖延或拒绝。

（4）房屋维修的施工管理

房屋维修的施工管理是指物业服务企业为实现房屋修缮的目标，针对修缮工程施工过程而进行的各种管理活动。房屋维修施工管理应重点做好施工前的准备和施工中的质量保证工作。

在施工前期准备工作阶段，要准备好房屋维修工程的设计图样及相关文件材料，掌握应维修房屋的维修项目、维修范围和维修技术要求。

在房屋施工阶段，要坚持按图施工，对重要部位和隐蔽工程及时验收，施工过程中，主要维修项目的质量应由施工人员相互检查、工班长或质量管理小组再次检查、主管技术人员重点检查。检查时，应抓住质量是否达到标准，病害整治是否彻底，维修后是否还留有致病因素等重点进行检查。

物业管理中，房屋维修工程施工有以下两种方式：一是物业服务企业自己拥有一支维修、养护队伍来进行修饰工程的施工；二是物业服务企业受业主委员会的委托，通过对房屋修缮工程实行招标，或以分包方式把房屋的维修、养护分包给专业的维修队伍完成。

（5）房屋维修的资金管理

房屋维修的资金管理是指修缮资金的筹措与使用安排。房屋修缮的资金除来源于业主交纳的物业管理维修基金（专项维修资金）以及物业管理服务中所含的一部分外，还包括物业服务企业多种经营的部分盈余。

四、房屋日常养护与维修的考核指标

房屋日常养护与维修的考核指标主要有定额指标、经费指标、服务指标和安全指标。

1. 定额指标

小修养护工人的劳动效率要100%达到或超过人工定额；材料消耗要不超过或低于材料消耗定额，达到小修养护工程定额的指标是完成小修养护工作量，做好日常服务的必要保证。

2. 经费指标

小修养护经费主要通过收取物业管理服务费筹集，不足部分从物业服务企业开展多种经营的收入中弥补。

3. 服务指标

（1）走访查房率

一般要求管理员每月对辖区的住（用）户走访查房50%以上；每季对辖区内住（用）户逐户走访查房一遍。计算走访查房户数时对月（季）内走访如系同一户超过一次的均按一次计算。

（2）养护计划率

应按管理员每月编制的小修养护计划表依次组织施工，考虑到小修中对急修项目需及时处理，因此，在一般情况下养护计划率要求达到80%以上，遇特殊情况或特殊季节，可统一调整养护计划率。

（3）养护及时率

当月全部报修中应修的户次数是指剔除了经专业人员实地查勘后，认定不属于小修养护范围，并已做其他维修工程类别安排的和因故不能安排维修的报修户次数。

4. 安全指标

为确保住用、生产安全，安全指标是维修服务的首要指标，是考核工作实绩的重要依据。

为确保生产安全，物业服务企业应建立一系列安全生产操作规程和安全检查制度，以及相配套的安全生产奖惩办法。在安全生产中要十分注意以下三个方面：

（1）严格遵守操作规程，不违章上岗和操作。

（2）注意工具、用具的安全检查，及时修复或更换有不安全因素的工具、用具。

（3）按施工规定选用结构部件的材料，如利用旧料时，要特别注意安全性能的检查，增强施工期间和完工后交付使用的安全因素。

案例

某物业公司房屋养护与维修方案节选

一、房屋日常养护与维修的范围

该小区有28栋六层住宅楼，需要物业服务企业负责养护与维修的是公共部位，该小区房屋主体公共部位主要有房屋承重及抗震结构部位、外墙面、公共屋面、公共通道、门厅、楼梯间。

二、房屋日常养护与维修方案

房屋共用部位日常养护与维修方案见表4—1—1。

表 4—1—1　　房屋共用部位日常养护与维修方案

序号	项目	内容	计划	方案
1	房屋承重及抗震结构部位	1. 局部受损 2. 施工质量原因造成的结构问题	每周巡查一次，发现问题立即处理、维修	由于使用不当造成结构局部受损较轻，由工程管理部按房屋修缮规定实施维修；如局部受损较重，应请专家“会诊”并提出方案，委托专业公司实施
2	外墙面	1. 外墙面起鼓脱落 2. 外墙面局部渗漏 3. 外墙面大面积渗漏	每周检查一遍，发现问题及时维修	由工程管理部按有关修缮规程实施
3	公共屋面	1. 隔热层破损 2. 防水层破损，造成屋面渗漏	每月检查，出现问题及时维修	由工程管理部按相应作业指导书实施维修
4	公共通道、门厅、楼梯间	1. 共用地面的维修及改造 2. 公共通道、门厅的墙、天棚的维护 3. 楼梯间墙面、扶手、踏步的维护	每周检查一遍，发现问题及时维修	由工程管理部按相应技术要求实施维修

第四章

三、房屋定期养护与维修方案

房屋共用部位定期养护与维修方案见表 4—1—2。

表 4—1—2　　房屋共用部位定期养护与维修方案

序号	项目	内容	计划	方案
1	房屋承重及抗震结构部位	1. 局部受损 2. 施工质量原因造成的结构问题	每年对房屋基础进行一次检查，注意白蚁侵害、地基沉降、外力损坏等引起的损害	由于使用不当造成结构局部受损较轻，由工程管理部按房屋修缮规定实施维修；如局部受损较重，应请专家“会诊”并提出方案，委托专业公司实施

续表

序号	项目	内容	计划	方案
2	外墙面	1. 外墙面起鼓脱落 2. 外墙面局部渗漏 3. 外墙面大面积渗漏 4. 外墙面翻新	1. 每两年对较大面积的渗漏外墙应局部翻新，防止面积继续扩大及污染墙面 2. 每年雨季前对窗台进行一次密封检查，以防止雨水的侵入	由工程管理部按有关修缮规程实施
3	公共屋面	1. 隔热层破损 2. 防水层破损造成屋面渗漏 3. 避雷网脱焊、间断 4. 屋面积水	1. 避雷网每年刷漆一次，防止锈蚀 2. 每年全面修补一次屋面隔热层板；每半年疏通一次屋面雨水口 3. 每年对屋面防水层检修一次	由工程管理部按相应作业指导书实施维修
4	公共通道、门厅、楼梯间	1. 共用地面的维修及改造 2. 公共通道、门厅的墙、天棚的维护 3. 楼梯间墙面、扶手、踏步的维护	1. 每半年对公共地面维护一次 2. 每年维修一次通道、门厅及楼梯间的墙壁、扶手及栏杆 3. 每年全面维护一次楼梯间踏步，对墙面和地面起鼓、开裂、破损等进行修复	由工程管理部按相应技术要求实施维修

四、房屋维修及养护的标准

房屋共用部位维修及养护标准见表4—1—3。

表4—1—3　　房屋共用部位维修及养护标准

序号	项目	养护标准	实施效果
1	房屋承重及抗震结构部位	1. 房屋修缮标准 2. 有关工程施工技术规范	1. 能安全、正常使用 2. 功能完好
2	外墙面	1. 房屋修缮标准 2. 外墙面修缮作业规程	无起鼓、无脱落、无渗水，整洁统一

续表

序号	项目	养护标准	实施效果
3	公共屋面	1. 房屋修缮标准 2. 相应修缮作业规程	1. 无积水、无渗漏 2. 隔热层完好无损 3. 避雷网无间断，各种避雷装置焊接点牢固、可靠，通雷测试端实测电阻小于4Ω
4	公共通道、门厅、楼梯间	1. 相应建筑部分修缮技术流程 2. 房屋修缮标准	1. 整洁，无缺损，无霉迹 2. 扶手完好，无张贴痕迹

五、房屋日常检查表

房屋本体共用部位日常检查表见表4—1—4。

表4—1—4 房屋本体共用部位日常检查表

<table>
<tr><td>名　称</td><td colspan="2"></td><td>编号</td><td></td><td>地址</td><td colspan="6"></td></tr>
<tr><td>检查人</td><td colspan="3"></td><td colspan="2">负责人</td><td colspan="2"></td><td>检查时间</td><td colspan="3">年　月　日</td></tr>
<tr><td colspan="6" rowspan="2">检查项目</td><td colspan="4">检查结果</td><td colspan="4">损坏原因</td></tr>
<tr><td>完好</td><td>基本完好</td><td>一般损坏</td><td>严重损坏</td><td>自然损坏</td><td>人为损坏</td><td>预防保养不善</td><td>其他原因</td></tr>
<tr><td>1</td><td colspan="5">□基础 □承重部件 □承重墙</td><td></td><td></td><td></td><td></td><td></td><td></td><td></td><td></td></tr>
<tr><td>2</td><td colspan="5">□屋角 □隔热层 □接地面</td><td></td><td></td><td></td><td></td><td></td><td></td><td></td><td></td></tr>
<tr><td>3</td><td colspan="5">□内墙角</td><td></td><td></td><td></td><td></td><td></td><td></td><td></td><td></td></tr>
<tr><td>4</td><td colspan="5">□门 □楼梯护栏 □墙面</td><td></td><td></td><td></td><td></td><td></td><td></td><td></td><td></td></tr>
<tr><td colspan="2">检测方法</td><td colspan="12">□直观法 □刺探法 □仪器检测法 □计算法</td></tr>
<tr><td colspan="2">整体质量评定</td><td colspan="12">□完好 □基本完好 □一般损坏 □严重损坏</td></tr>
<tr><td colspan="2">备　注</td><td colspan="12"></td></tr>
</table>

思考与练习

1. 房屋损坏的原因是什么？
2. 房屋养护与维修的考核标准是什么？
3. 房屋日常养护的内容有什么？
4. 房屋维修工程分类有哪些？
5. 房屋维修管理主要内容是什么？
6. 某物业服务企业通过投标，被选聘为滨海花园居住小区的物业服务单位，该小区是一新建花园式居住小区，共有 12 栋 21 层住宅楼，试编制房屋日常检查表和日常养护与维修方案。

第 2 节　物业设备的管理

物业设备是指附属于房屋建筑的各类设备的总称。物业设施设备维修养护主要是通过正确合理使用，有效的养护，正常维修，保证其处于良好的工作状态。尽量避免其使用价值的下降。在保证和提高各种设施设备的功能时，最大限度地发挥其综合效益。

一、物业设备的构成

在现代建筑中，综合性的多功能智能大厦越来越多，即使是民用建筑，在建设概念与配套功能上也与过去有了很大的不同，除了满足居住的需要外，还要求居住得舒适、安全，这样，物业设备就成了房屋建筑的一个不可分割的重要组成部分。只有这些配套设备设施与其他工程协调一致，紧密配合，才能充分发挥建筑物的整体功能和作用，满足人们各方面的需要。一般的物业设施设备主要由以下各系统构成。

1. 给水排水系统

物业给水排水系统是指建筑物内部的各种供水、排水、去污等工作设施的总称。它包括：

（1）供水设备、设施

供水设备、设施是指用人工或自动方法提供水源，以解决市政供水水压不足，满足房屋使用人正常用水的设备和设施。按照整个供水环节来看，它可以划分为总蓄水池、水泵、分蓄水池、水阀、水表及供水管网等几个方面。

（2）排水设备、设施

排水设备、设施是指用来排除生活污水和房屋雨、雪水的设备和设施。它包括排水管道、排污管道、通气管、清通设备、提升设备、室外排水管道、污水井、化粪池等。根据纳污（废）性质，建筑物中的排水管道可以分为生活污水管道、生产废水管道和雨水管道。

（3）房屋卫生设备

物业内附属的卫生设备和设施包括浴缸、水盆、小便岸、镜箱、冲洗盆、抽水马桶、面盆等不同种类。

（4）热水供应设备

物业内热水供应设备和设施包括沐浴器、热水管道、热水表、加热器（电热、气热或锅炉等）、循环管、冷水箱、疏水阀、自动温度调节器、减压阀等。

（5）消防设备

物业内用于消防的设备和设施包括喷淋系统、消防栓、灭火器、灭火瓶、消防龙头、消防泵和配套的消防设备，如烟感器、温感器、消防报警系统、防火卷帘、防火门、排烟送风系统、防火阀、消防电梯、消防走道及事故照明、应急照明等。

2. 燃气、暖通、空调系统

（1）燃气系统

煤气系统包括煤气灶、煤气表、煤气管道、天然气管网等。

（2）供暖设备

供暖设备有热水供暖和蒸汽供暖之分，包括锅炉、蒸汽喷射器、输热部分（热量的输送管道等）、散热部分（热量散发的设备，如散热器、暖风机、辐射板等），以及一些辅助设施，如鼓风机、水汀片、回水泵、膨胀水箱、去污器等。

（3）室内通风设备

室内通风设备即室内通排风换气的设备，包括通风机、排气口及一些净化除尘的设备等。

（4）空调制冷设备

空调制冷设备指可以使屋内空气流动，降低室内温度，给住用者带来凉爽感觉的部分，它包括冷气机、深井泵、空调机、电扇、冷却塔、回水泵及输送冷水的管网等。

3. 电气工程设备系统

电气工程设备系统是指物业供电及照明设备，电器控制服务设备设施，房屋运输设备，防雷及接地装置。

（1）供电及照明设备

供电及照明设备包括高压开关柜、变压器、低压开关柜及各种温控仪表、计量仪表、配电干线、楼层配电箱、备用电源、电表、各种控制开关、照明设施等。

（2）电器服务设备设施

电器服务设备设施包括广播设备、电信设备、电视系统设备、共用无线及电视监控设备和计算机设备等。

（3）房屋运输设备

房屋运输设备即建筑物内运载人或物品的垂直运输设备，包括电梯和自动扶梯。

（4）防雷及接地装置

不同用途的房屋建筑（构筑）物，有不同的防雷等级要求。

1）防雷等级的划分。凡存放爆炸物品，或经常发生瓦斯、蒸汽、尘埃与空气的混合物，因电火花能发生爆炸，致使建（构）筑物损坏和人员伤亡的为一类建（构）筑物；凡储存大量易燃物品的房屋（构筑物）或具有重要政治意义的民用建筑物为二类建（构）筑物；凡不属于一、二类范围，而需作防雷保护的建筑物为三类建（构）筑物。

2）防雷装置的一般要求。一般建筑物的防雷设施要求装有避雷针、避雨网、避雷带、引下线和接地极。避雷针可分为单支、双支及多支保护等形式。避雷针、避雷带、引下线和接地极等防雷部分必须按照规范的具体要求装设，才能达到防止雷击的危害。

4. 智能化楼宇的技术设备系统

现在一般以楼宇所配置的自动化设备来作为智能建筑的定义。在智能化楼宇中，主要的技术设备有以下几种：

（1）计算机监控设备

以楼宇自动化系统来说，它包括能源监控系统、安全管理系统、消防及火警系统、给水排水管理系统、交通管理系统等。这些控制系统通过传感器对被控制对象进行检测，然后将检测到的信号输入计算机。例如，楼宇内的照明和温度变化情况会被相应的传感器感知并输入计算机，计算机即将当时楼宇内的照明度和温度与外界的日光和气温加以比较，并按设定的要求，将相应的调控指令送到照明系统中的调光装置及空调系统中的加热或冷冻装置，从而完成调控的目的。

（2）综合布线系统

要将楼宇自动化系统、办公自动化系统等许多系统连接成一个整体，就需要通过一个物理实体来实现，这就是智能化楼宇的结构化综合布线系统。

（3）计算机信息管理技术设备

计算机信息管理技术设备主要是指楼宇的办公自动化系统，其中包括资料档案管理、多媒体信息查询、电视会议、财务计划、人事管理以及电子数据库（EDI）系统等。

（4）计算机网络与现代通信技术设备

计算机网络，就是指将有关计算机及其子系统通过联网集成起来。无论是楼宇自动化系统，还是办公自动化系统，它们都是由许多计算机子系统所组成的。一个子系统往往就是一个局域网，要将这些局域网连接起来，就需要有一个高速主干网，能覆盖到楼宇的各个楼层，连接各个楼层内的局域网和其他联网的办公设备，还应该与外界的网络实现联网。

在智能化楼宇中，通信自动化系统是一个中枢神经系统，包括以数字式程控交换机为中心的通信系统，以及通过楼宇的结构化综合布线系统来实现计算机网络、卫星通信、闭路电视、可视电话、电视会议等系统的综合，从而达到楼宇内、市内、国内以及国际间的信息沟通与共享。由于通信与计算机的结合越来越密切，而且传输的媒体也从话音、数据发展到图像及动画，因此，计算机网络及结构化综合布线的作用和优点就更为突出。

5. 电话通信设备

电话通信设备的主体是电话交换机，电话网内各电话总机及各用户之间的各种信号的交换、接待以及电话总机向用户提供的各种电信特殊服务功能（如电话语言系统等），都是通过交换机来完成的。电话交换机已由最初的步进制交换机逐步发展为旋转制交换机、纵横制交换机和程控交换机。程控交换机把电话的呼叫编成计算机操作的程序，赋予必需的数据，由计算机程序逐条操作，把所持续的呼叫接通。由于它具有传输与交换速度快、正确率高、使用新业务方便等特点，因此，目前已被普遍采用。

二、物业设备管理的内容

1. 物业设备基础资料的管理

物业设备管理的主要内容是建立设备管理原始资料档案和设备技术资料档案。

（1）设备原始资料档案管理

设备在承接查验后应建立设备管理原始资料档案。主要包括以下内容：

1）验收文件，包括验收记录、测试记录、产品与配套件的合格证、订货合同、安装合同、设备安装图与建筑结构图、使用维护说明、遗留问题处理协议与会议纪要等。

2）建立设备卡片（见表4—2—1），应记录有关设备的各项明细资料，如房屋设备类别、编号、名称、规格、技术特征、附属物所在地点、建造年份、开始使用日期、中间停用日期、原值和预计使用年限、预提大修更新基金、进行大修的次数和日期、报废清理情况等。

表4—2—1　　设备卡片示例（正面）

<table>
<tr><td colspan="3">设备编号
设备类别
设备名称
设备型号、规格
设备所在地点</td><td colspan="2">建造单位
建造年份
交接验收日期凭证
开始使用年限</td><td colspan="3">设备原值
预计使用年限
预计残值
预计清理费用
预提大修更新基金金额</td></tr>
<tr><td colspan="3">设备原值及预提维修基金记录</td><td colspan="2">设备大修记录</td><td colspan="3">停用记录</td></tr>
<tr><td>设备原值</td><td>预提维修基金日期</td><td>预提维修基金金额</td><td>大修日期</td><td>大修金额</td><td>停用日期</td><td>原因</td><td>动用日期</td></tr>
<tr><td></td><td></td><td></td><td></td><td></td><td></td><td></td><td></td></tr>
</table>

设备卡片示例（反面）

<table>
<tr><td>报废清理记录</td><td>事故记录</td><td>其他需要记录的事项</td></tr>
<tr><td>报废日期
报废原因
设备原值
累计预提维修基金金额
变价收入
清理费用</td><td>事故发生时间
事故发生原因
事故处理结论</td><td>记卡日期
注销日期</td></tr>
</table>

（2）设备技术资料档案管理

1）保修单。每次维修填写保修单，每月统计一次，每季装订一次，物业工程部门负责保管以备存查。

2）运行记录。值班人员地下室的设备运行记录每月一册，每月统计一次，每年装订一次，由物业服务企业设备运行管理部门保管好，以备存查。

3）考评材料。定期或不定期地检查记录奖罚情况，先进班组、个人事迹材料，每年归纳汇总一次，并装订保存。

4）技术革新材料。设备运行的改进、设备技术改造措施等资料，由设备管理部门汇总。

2. 物业设备运行管理

物业设备运行管理的主要内容包括：

（1）建立合理的运行制度和运行操作规定。

（2）建立安全操作规程等运行要求（标准）及文明安全运行的管理，并建立定期检查运行情况和规范服务的制度。

（3）加强设备的安全管理、安全检查，加强对操作人员、维修人员的安全操作、安全作业的训练和管理。

（4）建立安全责任制和对住（用）户进行安全教育，向住（用）户宣传设备（如电梯）的安全使用常识。

3. 物业设备维修管理

物业设备的维修管理是指根据物业设备的性能，按照一定的科学管理程序和制度，以一定的技术管理要求，对设备进行日常保养维护和维修。物业设备的维修管理意义重大，设备的完好与否和寿命长短很大程度上取决于维修管理的优劣。

（1）维护保养

维护保养工作分为日常维护保养和定期维护保养。

日常维护保养工作要求设备操作人员在班前对设备进行外观检查，在班中按操作规程操作设备，定时巡视、记录各运行参数，随时注意运行中有无异声、振动、异味、超载等现象。在班后对设备做好清洁工作。

定期维护保养工作是以操作人员为主、检查人员协助进行的。它是有计划地将设备停止运行，进行维护保养。根据设备的用途、结构复杂程度、维护工作量以及人员的技术水平等来决定维护的整个周期和维护停机时间。维护保养的方式主要是“清洁、紧固、润滑、调整、防腐、防冻以及外观表面检查”。

（2）设备的维修

设备维修是一种技术含量非常高、要求非常严格的工作。它要求维修人员要有高度的责任心。根据维修工作量设备维修分为小修、中修、大修三大类。

1）设备小修是工作量较小的一种定期修理，小修是进行必要的局部或全部的分解检查，更换与修复损坏的零部件，确保正常使用。

2）设备中修是对部分零部件进行分解检修的一种定期修理，中修时必须更换和修复已磨损、腐蚀或丧失性能的零件，校正设备的水平度和垂直度，确保设备运行的可靠性。

3）设备大修是工作量最大的一种定期修理，大修时将设备全部分解，修理标准零件，更换和修复磨损、腐蚀、老化或丧失工作性能的零件和部件，并进行必要的试验，以恢复设备规定的精度、性能及效率。

4. 物业设备的更新管理

物业设备更新就是以新型的设备来替代原有的老设备。任何设备都有寿命，如果设备使用达到了它的技术寿命或经济寿命，必须更新。

5. 备品配件管理

备品配件管理的主要内容包括备件范围的确定，备件图纸的收集、测绘、整理，确定备件来源的途径和方法，确定合理的储备定额和储备形式，编制备件卡和备件台账。

三、物业设备运行管理程序

要做好物业设备运行管理工作，应遵循以下三个步骤来操作：

1. 了解和熟悉物业设备运行的特点

物业设备运行体系是一个庞大的系统，对其了解熟悉是一个由表及里、由浅入深、由静到动、由知其然进而知其所以然的长期过程。作为物业服务企业保障设备运行管理和操作的每一位员工，都应当把熟悉认识无语设备运行体系当作本职工作来对待。对不同熟悉程度的员工，要求是：生疏者勤，由生到熟；熟悉者精，由熟及巧。这样，逐渐使从事设备运行管理的全体员工，对管理对象的认识做到“心中有数，有案可查，有据可依”，使设备运行管理工作建立在扎实的基础上。

2. 明确运行目标

物业设备的运行目标从物业管理行业角度来看，应包括安全性、可靠性、舒适性、经济性四个方面。

（1）安全性

安全是设备运行管理的第一要求，没有安全，就没有一切。保证安全的主要措施有：

1）思想上高度重视，行动上处处小心。

2）严格按章办事。规章制度是保证安全的长堤，绝不能开口子。

3）定期检测、试验，进行预防性检修、维护。

（2）可靠性

物业设备运行的可靠性主要表现在两个方面：

1）设备保障能力。包括设备容量、备用设备裕量；设备运行参数的稳定性、可调节性；管线布置的合理程度，以及终端设施的完好率等。

2）管理能力。良好的管理往往可以弥补设备配置的一些先天缺陷。反之，混乱的管理可以抑制设备能力，使原本可以满足需求的设备配备感到不足，形成浪费。在设备运行体系已经配置完成且不易更改的情况下，使设备保障能力得到充分发挥，必须做到“三严”：严格的管理制度，严密的运行计划（包括突发事件应对计划），严肃的工作作风。

（3）舒适性

从物业管理行业服务性的特点看，舒适性目标是物业设备运行管理必备的目标之一。舒适性是最能体现物业管理行业服务特点的一项指标，也是反映物业管理员工工作细腻性的一项指标。舒适性指标包括两个方面：一方面是指标满足性，即功能满足程度；另一方面是感官满足性，即感觉满足程度。

（4）经济性

物业服务企业在提供服务的同时，必须讲效益。经济性对物业设备运行的要求是：

1）必须在满足安全、可靠、适度舒适的前提下实现经济性目标。

2）节能是实现经济性目标的主要途径。能源费用是物业设备运行费用的主要部分，节省能源费有两种方式：一是利用能源的可替代性，采用适用的经济的能源；二是省能。

3）易损零配件和耗材的耐用性。

4）维修保养方便。

3. 做好物业设备运行管理的主要方法

（1）建立完善标准体系

根据设备所在物业的特点和服务对象，结合设备本身的技术要求，制定与之相适应的运行标准，是做好物业设备运行管理的重要工作。

（2）预防性措施

由于物业设备运行连续性的特点，各种预防性措施在物业设备运行管理中处于特别重要的地位，包括预防性试验，预防性检修，突发事件应变方案，巡检、点检、定检。

对于管、线等系统，预防性措施的重点是巡检和点检，定期保养。特别是楼宇管井多，管路器件多，容易疏漏。对于管件或电路分支节点等易发生故障的节点，可逐步建立完善的节点台账，实行“位式”管理，其主要内容是：

1）逐步建立台账，一一对应，有据可查，防止疏漏。

2）合理制定巡检路线和巡检项目，抓住重点，明确主次。

3）制定保养周期，分批轮检，不疏不漏。

4）采取保养合格检验及期限标贴方法，便于检查。

（3）技术革新改造

由于受物业结构及运行条件限制，技术革新改造在物业设备运行管理中的地位不十分突出，因此应提倡小改小革，积水成河，聚沙成塔，克服物业条件限制，发挥科技进步的作用。

（4）保险

物业管理作为新兴的行业，管理寓服务之中，而物业服务企业又受聘于人，解决这一难题的最好办法是树立风险意识，用业主的钱帮业主买财产险、机损险。一旦发生物业设备损坏，可立即通知保险公司索赔，以减轻物业服务企业的经济压力，确实保障设备正常运行。

（5）组织措施

所有类型的设备运行管理都一样，离不开人，人是各项因素中最活跃的因素。因此，无论物业设备现代化水平如何，都绝不可以忽视员工思想、技术、技能、技巧的作用。重视技术能力培养、思想建设和组织建设，其中主要的方法是加强员工培训。

四、物业设备养护和维修的分类

1. 物业设备养护的分类

物业设备的养护是指对设备所进行的常规性的检查、养护、添装、维修和改善等工作。物业设备的养护分为以下几类：

（1）日常养护

日常养护指物业服务企业对房屋建筑内部的附属设备进行的常规性养护、维修和改善工作。具体内容为操作人员每天必须进行的例行保养工作，主要是进行定期检查、清洁、润滑，及时排除小故障等工作。

（2）一级保养

一级保养是由设备操作人员与设备维修人员按计划进行保养维修工作。主要包括对设备、设施进行局部解体，进行清洗、调整，按照设备、设施磨损规律进行定期保养。

（3）二级保养

二级保养是指设备维修人员对设备、设施进行全面清洗、部分解体检查和局部修理，更换或修复磨损件，使设备、设施能够达到完好状态的保养。

（4）设备点检

设备点检是指根据要求用检测仪或人的感觉器官，对设备、设施的某些关键部位进行的有无异状的检查。通过日常点检和定期点检，可以及时发现设备、设施的隐患，避免和减少突发故障，提高设备、设施的完好率，降低维修成本。

设备的日常点检由操作人员随机检查，日常点检内容主要包括：运行状况及参数安全保护装置；易磨损的零部件；易污染堵塞，需经常清洗更换的部件；在运行中经常要求调整的部位，在运行中经常出现不正常现象的部位。

设备的计划点检一般以专业维修人员为主，操作人员协助进行。计划点检内容主要有：记录设备的磨损情况，发现其他异常现象情况；更换零部件；确定修理的部位、部件及修理的时间；安排检修计划。

2. 物业设备维修分类

物业设备的维修是指通过修复或更换零件，调整精度、排除故障、恢复设备原有功能的技术活动。设备的维修一般分为以下几类：

（1）零星维修工程

对设备进行日常保养、检测及为排除故障而进行的局部维修。通常只要修复、更换少量易损零件，调整较少部分机构和精度。

（2）中修工程

对设备进行正常的和定期的全面检修，对设备进行部分解体和更换少量零部件，保证设备、设施能恢复和达到应有的标准和技术要求，使设备、设施能正常运转到下一次修理。更换率一般为10%～30%。

(3) 大修工程

对设备进行定期的全面的检修，对设备进行全面的解体修理和更换主要零部件，使设备、设施基本恢复原有性能。更换率一般超过30%。

(4) 设备更新和技术改造

在设备使用到一定的年限后，因技术性能落后、效率低下、耗能大或污染日益严重，必须更新设备，进行提高和改善技术性能的维修。

此外，还有故障维修。指设备、设施在使用过程中发生突发性故障后的紧急修复。

五、物业典型设备的维护管理

1. 供配电设备的维护

(1)《供配电设备设施维修保养年度计划》的制订

1) 每年的12月15日前，由工程维护部经理组织变配电组长/值班电工一起研究、制订。

2)《供配电设备设施维修保养年度计划》制订的原则：

①供配电设备设施使用的频度。

②供配电设备设施运行状况（故障隐患）。

③合理时间（避开节假日、特殊活动日等）。

3)《供配电设备设施维修保养年度计划》应包括维修保养项目及内容、具体实施维修保养的时间、预计费用等。

(2) 对供配电设备设施进行维修保养时，应严格遵守《供配电设备设施安全操作标准作业程序》，按《供配电设备设施维修保养年度计划》进行。

(3) 高压开关柜、变压器的主要维修保养项目由对外委托完成，外部清洁及部分外部附件的维修保养由变配电室值班电工负责，低压配电柜的维修保养由变配电室值班电工负责。

(4) 变压器维修保养

1) 对外委托维修保养。每年的11月份委托供电公司对住宅小区内所有变压器进行测试、试验等项目的维修保养，此项工作由变配电室值班电工负责监督进行，并将结果记录在《供配电设备设施维修保养记录表》内。

2) 外部维修保养。每年的4月份、10月份对小区内所有变压器外部进行一次清洁保养：

①测定变压器线圈的绝缘电阻，如发现其电阻值比上次测定的数值下降30%～50%时，应作绝缘油试验（对外委托试验），如绝缘油不合格则应全部换掉；换上新鲜的合格绝缘油后，如果变压器的绝缘电阻还低于120 mΩ，则应对变压器线圈进行处理（对外委托

完成)。

②清扫变压器外壳，变压器漏油时应拧紧螺母或更换密封胶垫。

③拧紧变压器引出线的接头，如发现接头烧伤或过热痕迹，应进行整修处理并重新接好。

④变压器油位处于指示器下限时，应补同型号绝缘油，并清除油枕集泥器中的水和污垢。

⑤检查变压器的接地线是否良好，地线是否被腐蚀，腐蚀严重时应更换地线。

(5) 高压开关柜维修保养

每年 12 月份委托供电公司对小区内所有高压开关柜进行一次维修保养，此项工作由变配电房管理员负责监督进行并记录在《供配电设备设施维修保养记录表》内。

(6) 低压配电柜维修保养

每年的 4 月份、10 月份对小区内的所有低压配电柜内外都进行一次清洁，先用压缩空气进行吹污、吹尘，然后用干的干净抹布擦拭。

1) 刀开关维修保养。检查安装螺栓是否紧固，如松动则拧紧；检查刀开关转动是否灵活，如有阻滞现象则应对转动部位加润滑油；检查刀开关三相是否同步，接触是否良好，是否有烧伤或过热痕迹，如有问题，则进行机械调整或整修处理；用 500 V 摇表测量绝缘底板，其绝缘电阻如果低于 10 MΩ 则应进行烘干处理，烘干达不到要求的则应更换。

2) 熔断器的维修保养。新熔体的规格和形状应与更换的熔体一致；检查熔体与保险座是否接触良好，接触部分是否有烧伤痕迹，如有则应进行修整，修整达不到要求的则应更换。

3) 交流接触器维修保养。清除接触表面的污垢，尤其是进线端相同的污垢；清除灭弧罩内的碳化物和金属颗粒；清除触头表面及四周的污物，但不能修锉触头，烧蚀严重不能正常工作的触头应更换；清洁铁芯表面的油污及脏物；拧紧所有紧固件。

4) 自动减压启动器维修保养。用 500 V 摇表测量绝缘电阻，应不低于 0.5 MΩ，否则应进行干燥处理；外壳应可靠接地，如有松脱或锈蚀则应除锈处理后拧紧接地线。

5) 电容器维修保养。清理冷却风道及外壳灰尘，使电容器散热良好；检查电容有无膨胀、漏油或异常响声，如有则应更换；检查接头处，接地线是否有松脱或锈蚀，如有则应除锈处理并拧紧；检查电容三相不平衡电流是否超过额定值的 15%或电容缺相，如是则更换电容。

6) 热继电器维修保养。检查热继电器上的绝缘盖板是否完整，如损坏则更换；检查热继电器的导线接头处有无过热痕迹或烧伤，如有则整修处理，处理后达不到要求的应更换。

7) 断路器（自动空气开关）维修保养。用 500 V 摇表测量绝缘电阻，应不低于 10 MΩ，否则应烘干处理；清除灭弧罩内的碳化物或金属颗粒，如果灭弧罩破裂，则应更换；断路器（自动空气开关）在闭合和断开过程中，其可动部分与灭弧室的零件应无卡住现象；在使用过程中发现铁芯有特异噪声时，应清洁其工作表面；各传动机构应注入润滑油；检查主触头表面有小的金属颗粒时，应将其清除，但不能修锉，只能轻轻擦拭；检查手动（3 次）、电动（3 次）闭合与断开是否可靠，否则应修复；检查分励脱扣器、欠压脱扣器、热式脱扣器是否可靠，否则应修复；检查接头处有无过热或烧伤痕迹，如有则修复并拧紧；检查接地线有无松动或锈蚀，如有则除锈处理并拧紧。

8）二次回路维修保养。号码管是否清晰或掉落，如有则补上新号码管；接头处是否松动，如松动则拧紧。

9）主回路维修保养。标示牌是否不清晰或掉落，如是则补上新的标示牌；接头处是否有过热或烧伤痕迹，如是则修复并拧紧；母线排油漆是否脱落，如是则重新油漆。

（7）供配电设备的维修保养时间不允许超过 8 h，如必须超过 8 h，则工程维护部电工填写《申请延时维修保养表》，经工程维护部经理审核、物业服务中心主任批准后方可延长。

（8）对计划中未列出的维修保养工作，应由工程维护部经理尽快补充至计划中，对于突发性设备设施故障，先经工程维护部经理口头批准后，可以先组织解决而后写出《事故报告》并上报公司。

（9）变配电室值班电工应将上述维修保养工作清晰、完整、规范地记录在《事故报告》内，变配电室组长应于每次维修保养后的 3 天内将记录整理成册后交工程维护部存档，保存期为长期。

（10）停电管理。供配电设备设施因检修等原因需要停电时，应由工程维护部经理填写《停电申请表》，经物业服务中心主任批准后通知客户服务部，由客户服务部提前 24 h 通知有关业户。如因特殊情况突然停电，应在恢复供电 12 h 内向有关业户作出解释。

2. 给水排水设备维护保养

（1）水泵的维修养护

生活水泵、消防水泵、排污泵、潜水泵每季度进行一次全面养护。养护内容主要有：检查水泵轴承是否灵活，如有阻滞现象，应加注润滑油，如有异常摩擦声响，则应更换同型号规格轴承，如有卡住、碰撞现象，则应更换同规格水泵叶轮，如轴键槽损坏严重，则应更换同规格水泵轴；检查压盘根处是否漏水成线，如是则应加压盘根，清洁水泵外表，若水泵脱漆或锈蚀严重，则应彻底铲除脱落层油漆，重新刷油漆；检查电动机与水泵弹性联轴器有无损坏，如损坏则应更换；检查机组螺栓是否紧固，如松弛则应拧紧。

（2）控制柜的维修养护

对控制柜每半年进行一次全面养护。维修养护内容主要有：清洁柜内所有元器件、清洁外壳，务必使柜内无积尘、无污物；检查、紧固所有的接线头，对于锈蚀严重的接线头应更换，检查柜内所有的线头的号码管是否清晰，有否脱落，及时整改，对于交流接触器，应清除灭弧罩内的碳化物和金属颗粒，清除触头表面的污物，不能正常工作的触头应更换；检查复位弹簧是否正常工作，然后拧紧所有紧固件；自耦减压启动器的电阻不低于 0.5 MΩ，否则应进行干燥处理；外壳接地可靠，如有松脱或锈蚀则应做除锈处理，然后拧紧接地线；热继电器的绝缘盖板应完整无损，导线接头有无过热痕迹或烧伤，如有则维修或更换；自动空气开关电阻应不低于 100 MΩ，否则应烘干，在开关闭合或断开过程中，应无卡位现象，触头表面清除干净；中间继电器、信号继电器应做模拟试验，检查动作是否可靠，信号输出是否正确；信号灯、指示灯是否指示正常，如有偏差应调整或更换；运传压力表信号线接头是否腐蚀，如有则重新焊接或更换。

（3）电机的维修养护

外观检查应整洁、铭牌完好，接地线连接良好，用摇表检测绝缘电阻，电阻应不低于0.5 MΩ，否则应烘干处理，电机接线盒内三相导线及连接片应牢固紧密，电动机轴承有无阻滞或异声响，电动机风叶有无碰壳现象，清洁外壳，外壳是否脱漆严重，若严重应重新油漆。

（4）相关阀门、管道及附件的维修养护

闸阀密封胶垫是否漏水，如有则应更换，黄油麻绳处是否漏水，如漏水则应重新加压黄油麻绳，对阀杆加黄油润滑，锈蚀严重者应重新油漆。止回阀的维修养护应检查止回阀的密封胶垫是否损坏，弹簧弹力是否足够，油漆是否脱落。浮球阀的维修养护应检查密封胶垫、连杆、连杆插销。液位控制器应检查密封圈、密封胶垫是否损坏，如损坏则应更换，清除压力室内污物，疏通控制水道，检查控制杆两端螺母是否紧固，应紧固所有螺母。

（5）水池、水箱的维修养护

水池、水箱的维修养护每半年进行一次，若遇特殊情况可增加清洗次数，清洗时的程序如下：

1）首先关闭进水总阀，关闭水箱之间的连通阀门，开启泄水阀，抽空水池、水箱中的水。

2）泄水阀处于开启位置，用鼓风机向水池、水箱吹2 h以上，排除水池、水箱中的有毒气体，吹进新鲜空气。

3）用燃着的蜡烛放入池底不会熄灭，以确定空气是否充足。

4）打开水池、水箱内照明设施或设临时照明。

5）清洗人员进入水池、水箱后，对池壁、池底洗刷不少于三遍，并对管道、阀门、浮球按上述维修养护要求进行检修保养。

6）清洗完毕后，排除污水，然后喷洒消毒药水。

7）关闭泄水阀，注入清水。

（6）室外给排水设施的维修保养

室外给排水管道每半年全部检查一次，水管阀门完好，无渗漏，水管通畅无阻塞，若有阻塞，应清除杂物，若管道坡度不正确，应重新铺设，下沉式广场水沟每半年全面检查一次，沟体应完好，盖板齐全。排水、雨水井、化粪池每季度全面检查一次，半年对易锈蚀的雨污水井盖、化粪池盖刷一次黑漆防锈，保持雨污水井盖标识清楚，路面井盖要做防震垫圈。室外喷水池每月检查保养一次，要求喷水设施完好，喷水管道无锈蚀。室外消防栓每季度全面试放水检查，每半年养护一次，主要检查消防栓玻璃、门锁、栓头、水带、连接器阀门、“119”“消防栓”等标识是否齐全，对水带的破损、发黑、发毒与插接头的松动现象进行修补、固定，更换变形的密封胶圈，将水带展开换边折叠卷好，将阀门杆上油防锈，抽取总数的5%进行试水，清扫箱内外灰尘，将消防栓玻璃门擦净，最后贴上检查标志，标志内容应有检查日期、检查人、检查结果。上下雨污水管每月检查一次，每次雨季前检查一次，每4年水管油漆一次，要求水管无堵塞、漏水或渗水，流水通畅，管道接口完好，无裂缝。

（7）室内给水排水设备设施的维修养护

1）消防设备的维修养护。室内普通消防栓的维修养护内容及程序见上面室外消防栓的保养内容及程序。对于自动喷洒消防灭火系统的维修养护，其维修养护内容如下：

①每天巡视系统的供水总控制阀，报警控制阀及其附属配件，外观检查，确保处于无故障状态。

②每天检查一次警铃，启动是否灵活，打开试警铃阀，水力警铃应发出报警信号，如果警铃不动作，应检查整个警铃管道。

③每月对喷头进行一次外观检查，不正常的喷头及时更换。

④每月检查系统控制阀门处于开启状态，保证阀门不会误关闭。

⑤每两个月对系统进行一次综合试验，按分区逐一打开末端试验装置放水阀，试验系统灵敏性。

⑥当系统因试验或因火灾启动后，应在事后尽快使系统重新恢复到正常状态。

2）用户室内给水排水管道及附件的维修及养护。在使用过程中，由于使用不当或前期隐患，会出现各种各样的问题，需要进行及时维修和正常养护，所涉及的维修养护内容如下：

①停水。要先关掉总阀，打开支管阀门，检查堵塞原因。及时更换或清洗。

②维修墙内水管。关闭室内所有用水阀门，查看水表，如转动说明墙内水管破损漏水，然后关闭水表前阀门，打通漏水处墙面，取出破损水管，装入新水管，再打开总阀看是否漏水，如无漏水，补好水泥，恢复装修饰面。告知用户不得擅自改动墙内水管。

③阀门接头漏水。关闭自来水总阀，查找原因，若是阀门、接头未扭紧的缘故而漏水，应拆下阀门接头，在外丝处旋上几道水胶带，再把阀门接头装上扭紧，如因破损配件而漏水应及时更换阀门或接头。然后告知使用人员，应爱护使用，旋扭阀门不要用力过度。

④疏通地漏。先用抽子试通，不能查明原因则打开检查口检查，不通时再使用疏通机直至通畅为止，然后用胶管试水检验，并告知使用人员，使用时不要向管道乱丢杂物。

⑤洗菜（脸）盆下漏水。如是存水弯头管处漏水，先拆下存水弯管，检查两接口处是否有破损情况，情况严重更换弯管，不严重可用生胶带密封接口破损处，达到不漏水为止。告知使用人员，不要随意乱动盆下弯管和接口处，防止漏水，不要随意移动或用力撞击洗菜（脸）盆。

3. 电梯的维护

做好电梯维护的管理就是建立《电梯维修保养的标准》和相应的电梯维修管理制度，确保电梯维修保养工作的顺畅实施。

（1）曳引机减速器

1）曳引机蜗轮减速器的运行应平稳而无震动，蜗轮齿与蜗杆螺旋线间的啮合应保持良好，保证工作的可逆性而无撞击声。

2）减速器油池内须有足量和厚度适宜的机油（齿轮油）。油面须保持在蜗杆齿根线以下（即蜗杆和蜗轮齿的接触面以下）。

3）减速器盖，窥视孔盖和轴承盖与箱体的连接应当紧密，不应漏油。在蜗杆轴伸出端采用油封橡胶密封，此处允许产生少量润滑性渗油。

4）减速器的润滑油应保持清洁，从轴封处漏出的润滑油须用小盒盛接，经过滤后可再使用。

5）曳引机底座的螺栓应紧固无松动现象。

6）减速器在正常条件下运转时，其机件和轴承的温度一般应不超过 80℃。

7）当减速器在正常运转下如轴承产生高热温度超过 80℃或产生显著的不均匀噪声或甚至出现磨切和撞击声时，该轴承应调换。

8）在检查减速器蜗轮和蜗杆的齿和轴承的情况时，如必须将减速器拆开时应先将轿厢安置在井道顶部另用倒链吊住，并将对重在底坑内用木楞撑住。然后排去减速器内润滑油，用煤油洗净。

9）当减速器使用年久后，齿的磨损逐渐增大，而当齿间侧隙超过 1 mm 以上并在工作中产生猛烈的撞击时，应考虑调换蜗轮与蜗杆。

（2）制动器

1）制动器必须灵活可靠。闸瓦应当紧密地贴合于制动轮的工作表面上，当松闸时闸瓦应同时离开制动轮的工作表面，不得有局部摩擦，此时在制动轮与闸瓦之间形成的均匀间隙不得大于 0.5 mm。

2）直流电磁制动器在松闸时是通过 SSBZ 开关触点断开将经济电阻串入电磁线圈回路中使温升降低。电磁线圈的温升不得超过 60℃。

3）制动器电磁线圈的接头应无松动现象，线圈外部应有良好的绝缘防止短路。

4）制动器的销轴必须自由转动并用薄油润滑。电磁铁的可动铁芯在铜套内必须滑动灵活必要时可用石墨粉润滑。

5）保持闸瓦制动带工作表面的清洁，不应混进油腻或油漆。固定制动带的铆钉必须沉入制动带，不应与制动轮接触，使制动轮毛糙。

6）当闸瓦的制动带磨损后间隙增大，使制动不正常，并发生异常的撞击声时，应调节可动铁芯与闸瓦臂之间的间隙调整螺栓，来补偿磨损掉的制动带厚度，使其间隙恢复。

7）当闸瓦的制动带磨损过大，铆钉头将冒出或磨损值超过制动带厚度的 1/4 时应及时更换。

8）制动带弹簧应调节适宜，在满载下降时应能提供足够的制动力使轿厢迅速停止，而在满载上升时制动无须太猛，两闸瓦的制动力应调节均匀。

（3）曳引电动机

1）电动机的连接应保持坚固，蜗杆轴与电动机轴连接后的不同轴度允差：

钢性连接应≤0.04 mm

弹性连接应≤0.20 mm

2）轴承的温度应不高于80℃。

3）由于轴承磨损，使定子与转子间空气间隙沿圆周方向分布不均匀而产生噪声时，则应更换轴承。

4）滚动轴承应用锂基润滑脂填入约等于轴承室2/3的容积，在工作2 500～3 000 h后应更换新的润滑脂。

（4）曳引轮

1）曳引轮槽的工作台表面应平滑，由于曳引绳张力偏差，造成各绳槽磨损量不一致，则量各曳引绳直径顶端至曳引轮轮缘的距离差，如超过1.5 mm时，应就地重车或更换曳引轮。

2）为避免曳引绳与曳引轮产生严重滑移现象，需防止绳在绳槽内落底，当曳引绳与槽底的间隙≤1 mm时，绳槽应重车或更换曳引轮。重车时，应注意切口下面的轮缘厚度不小于相应钢丝绳直径。

3）导向轮的润滑装置应保持完整，并应盛满钙基润滑脂，每两周应挤加一次，如润滑失效，滑轮将心轴咬住，将引起严重事故和损坏。

（5）限速器和安全钳

1）限速器的动作应灵活可靠，旋转部分的润滑装置应保持良好，每月加油一次。每年清洗换新一次。

2）限速器的张紧装置应工作正常，绳轮和导向装置的润滑应保持良好，每月加油一次，每年清洗一次。

3）安全钳的动作灵活可靠，有足够强度，能承受相应的冲击力。

4）当轿厢被安全钳夹持在导轨上时，位于轿厢两边的安全钳装置应当同时发生作用，并且两边的作用力均匀，此时轿厢不应有显著的歪斜。

5）安全钳的传动杠杆应予润滑。钳口斜块或滚柱可用钙基润滑脂防锈。

6）当安全钳起作用时，安全钳连锁触头应即时起断电作用，将控制电路断开，使用电动机停止运转。

7）当安全钳作用后，应重新检查和调整间隙，并将导轨进行修正。

（6）曳引钢丝绳

1）电梯的全部曳引钢丝绳所受的张力应保持均衡。如张力有不均衡现象可用钢丝绳锥套螺栓上的螺母来调节弹簧的紧度使其平均。

2）钢丝绳应有适宜的润滑，可以降低绳丝之间的摩擦损耗，同时也保护其表面不致锈蚀，钢丝绳内原有油浸麻芯一根，使用时油逐渐外渗无须再在表面涂油，如使用日久，则油逐渐耗完，就须定时上油，油质宜较薄，上油不可太多，使钢丝绳表面有能渗透的轻微润滑（手摸有油感即可）。但当渗油过多时应进行除油，防止因渗油过多而造成钢丝绳在曳引轮上有打滑现象。

3）检查钢丝绳有无机械损伤，有无断丝爆股情况，锈蚀和磨损的程度，接头是否完好和有无松动现象。

4）检查曳引钢丝绳如发现下列情况之一时，应予以更换：

①断丝在各股之间均布时，在一个拧距内的最大断线数超过 32 根。

②断丝集中在 1 或 2 个绳股中，在一个拧距内的最大断丝数超过 16 根。

③曳引绳表面的钢丝有较大磨损和锈蚀。

④曳引绳严重磨损后其直径小于原直径 90%。

5）当曳引钢丝绳过分伸长时应予截短。

（7）导轨和导靴

1）轿厢和对重导轨应每两周上油一次，对滚轮导靴、导轨不应上油，应定期铲除导轨表面积污，润滑油可用 10 号液压油。

2）导轨应支撑坚固，保持垂直，不得摇动歪斜，一切紧固螺钉应无松动脱落现象。

3）导轨如因断油而致表面毛糙或因安全钳作用而表面损伤，应先设法磨光后再行使用。

4）检查滑动导靴在导轨上滑行所产生摩擦对其衬垫所引起的磨损情况，假如磨损过甚、间隙过大时，轿厢在运动中就会产生晃动现象，应及时更换靴衬。

5）检查导靴时应注意导轨与安全钳间必须保持适当的间隙以免导靴稍微磨损后安全钳起误作用。

（8）限位开关和极限开关

1）限位开关的作用应灵活可靠。当轿厢到达上下端站时，应能不借操纵装置的作用，自动将轿厢停止，电梯停止后应不能再向原方向启动，只能向相反方向开动。

2）极限开关的作用应灵活可靠。如电梯因限位开关失效或其他原因不能在上下端站及时停止而继续行驶时，在超越楼面所规定的距离内（200～300 mm 处），极限开关应起作用，将安全回路断路，使电梯停止运行。

3）检查限位开关和极限开关时，应先拭去尘垢，盖子开启核实触头接触的可靠性，弹性触头的压缩余量，将触头表面的积垢和烧蚀地方用砂布擦清，转动和摩擦部分可用凡士林润滑。

（9）操纵箱和召唤按钮

1）操纵箱上的按钮应经常保持灵敏，当按下某一层的一个按钮时相应信号灯即需燃亮，达到正确的作用，无论何时当无外力阻止时须能自动弹回至原位。

2）召唤按钮应作用灵活正确，当按下某一层的一个按钮时召唤灯箱上的相应信号灯即需燃亮，达到正确的作用，无论何时当无外力阻止时须能自动弹回至原位。

（10）厅门、轿厢门、门锁和门滑轮

1）厅门和轿厢门应平整正直，启闭应轻便灵活，无跳动、摇摆和噪声，门滑轮的滚动轴承和其他摩擦部分都应定时润滑。

2）厅门门锁应灵活可靠，当厅门关闭锁上时应不能从外面开启。

3）检查门锁时应先清除积污。当门关闭时核实活动的锁钩在锁壳中啮合的可靠性。检查门触头在锁钩的作用下接触的可靠性和余量，触头和导线的连接情况，清除触头的积垢和烧蚀。应绝对消除门锁在和锁钩脱离的情况下触头保持接通的可能性。门锁的转动和摩擦部分应适当的润滑。

4）厅门和轿门的电触头应灵敏可靠。电梯只有在门锁闭上触头接通下，才能开动运行。无论何时当厅门或轿门开启触头断开时，电梯应不能开动，在行驶中也应立即自动停止。

4. 供暖设备的维护

（1）锅炉房内燃烧机的维修养护

燃烧系统内的电机、风机、油泵、点火电极、喷嘴、光电探测器、点火变压器、电磁阀、控制器等每季度进行一次维修养护，其具体内容如下：

1）电动机及风机。检查电动机接线是否锈蚀或松弛，检查电动机电容是否已变形膨胀或开裂，检查电动机与风机联轴器是否牢固可靠，对电动机轴承、风机加注润滑油，绝缘电阻如果低于 0.2 MΩ，则应进行处理，清洁电动机、风机上的污物、灰尘。

2）油泵。检查油泵与电动机的联轴器是否牢固可靠，油泵进、出油管是否漏油，用压力表测试出油压力，最高不允许超过 2 MPa，然后清洗进油油滤，清洁油泵外表。

3）点火电极。检查点火电极烧蚀是否严重，如是则应更换同规格点火电极，调整到合理位置并清洁。

4）喷嘴。清除喷嘴上的碳化物、污物，若喷嘴磨损严重，则应更换。

5）光电探测器、点火变压器。检查其是否已老化，若是则应更换同规格光电探测器、点火变压器。

6）电磁阀。用干净柴油清洗电磁阀，以免堵塞，如已老化或损坏，则应更换。

7）控制器。用干布擦拭（或用空气吹）来清洁控制器，如控制器损坏则应更换。

（2）锅炉本体的维修养护

锅炉本体的维修养护每半年进行一次，常用的保养方法有湿法保养和干法保养，一般在锅炉停运时进行保养。

1）湿法保养。首先将热水锅炉内的水放净，清除锅内的水垢污物，关闭锅炉的所有阀门、孔门，将软化水注入锅炉，并将配制好的氢氧化钠或磷酸三钠溶解注入锅炉；然后在微火下把锅炉水加热到 100℃，让水中气体排出炉外，当锅炉水从空气阀冒出时，关闭空气阀、给水阀、炉门及挡板，将锅炉密封好。碱性溶液配制的一般方法为每吨水加入氢氧化钠 5～8 kg 或磷酸三钠 10～12 kg。锅炉水应每周定期取样化验一次，以保证水中有过剩的碱度。若碱度降低时，应适当补充碱液。严寒地区不适于采用湿法保养。

2）干法保养。热水锅炉停炉时间较长时，宜采用干法保养。首先将锅炉内的水放净，清除锅内的水垢污物后，将软化水注入锅炉，并将锅炉用微升压至 0.1 MPa 后停止燃烧；当炉膛温度及压力降低后，再打开排污阀将锅炉水放净，利用锅炉的余热将锅炉烘干；然后在锅筒集箱式炉膛内放置干燥剂，关闭所有阀门、孔门，并将锅炉密封好。干燥剂一般用生石灰或硅胶，生石灰用量为每立方米体积放 2～3 kg，硅胶每立方米体积放 1～3 kg。干燥剂应盛在敞口容器内，放置要均匀；以后每隔 1～2 个月检查一次，硅胶失效后可重新烘干再用。

(3) 锅炉附属装置维修保养要领

锅炉附属装置的维修保养一般每季度进行一次。

1) 水泵机组。维修养护时应对水泵轴承加注润滑油，磨损比较严重的应更换。检查水泵压盘根处是否漏水成线，如是则应重新加压盘根。检查联轴器是否牢固可靠，旋转水泵轴，若有卡住、碰撞现象则需更换叶轮。

2) 电气控制系统。消除水位控制电极、热电阻上污垢，并模拟超低水位、超温试验，检查动作是否灵敏，检查电控箱里的各元件是否动作可靠，接线头有无松动，号码管是否清晰、脱落。检查附属闸阀，储油箱、热水箱、闸阀是否漏水，开关是否灵活，清除储油箱里的污物和积水，清除热水箱里的污物。

(4) 室内外供热管网的维修养护

室外供热管网每半年维修保养一次，应仔细检查保温层是否有脱落，是否有漏水现象，地沟内通风、照明设施是否完善正常，管道上阀门开启是否灵活，伸缩器是否动作可靠，地沟盖板是否断裂，出现问题及时修补。室内供热系统一般采暖期到来之前试暖时进行维修养护，出现问题，由用户报修，维修人员依程序进行维修处理。

5. 楼宇自动化技术设备维修与管理

随着科技的飞速发展，现代科技产品和智能化设备大量进入高档楼宇和小区，为了能够更好地提供优质的物业服务，物业服务企业对于楼宇自动化技术设备的一般管理和维修保养工作如下：

(1) 楼宇自控系统维修保养

1) 每天监控 NCU 状态，发现故障立即处理。

2) 每天使用相应工具软件扫描计算机硬盘。

3) 保养情况记录于楼宇自动控制系统设备检查表上。

(2) 综合布线系统维修保养

1) 配线架跳线的压接只能使用专用工具，配线架没有用的跳线应拆除。

2) 清除配线架、光纤机架、楼层配线架上的灰尘，保持设备清洁。

3) 检查配线架上的标志，发现缺失马上补充。

4) 工作完成后填写通信路线设备检查表。

(3) 楼层防盗对讲机维修保养

1) 室内听不到铃声。检查主机按钮开关是否接触良好，否则应更换按钮开关；检查室内分机待机转换开关是否接触良好，如有问题则应整修处理；通过上述两个步骤如仍不振铃，则应重点检查振铃放大电路，直至故障排除。

2) 不能对讲。检查通话线是否接触良好，如有问题则重新焊接；检查室内分机扩音器、扬声器是否正常，如不正常则应更换；检查室内分机放大电路，重点检查三极管直至故障排除。

3）不能开楼下大闸门。检查锁舌是否灵活，如阻滞则应加润滑油；检查开锁磁线圈接线是否良好、线圈是否烧坏，如发现问题则应重新接好线头或更换电磁线圈；检查分机开锁按钮是否接触良好、开锁继电器是否动作可靠、开锁电路有无损坏的元器件，如有问题则应逐一检查并排除故障。

4）主机无电源。检查轿式整流二极管有无损坏，如损坏则应更换同规格的二极管；检查电源变压器是否烧坏，如是则应更换同规格的变压器。

（4）可视对讲机维修保养

1）无图像、声音，但开锁正常。调节亮度电位器观察屏幕有无光栅，如有光栅，则应检查室内机与门口机的图像信号连接是否接牢，否则应重新接好（烫锡焊接）；如调节亮度电位器仍无光栅，此时应检查室内机电板，包括震荡电路、推动电路、输出电路、图像显示电路等逐级检查，直至故障排除。

2）通话无声音。检查听筒与室内机的接线是否牢固，否则应重新接好（烫锡焊接）；调节音量电位器，如扬声器里有交流声发出，则说明室内机的放大电路有问题。室内机放大电路包括音频输入电路、牵制放大电路、攻防电路，此时应逐级进行检查直至故障排除。

（5）计算机网络维修保养

1）接到业主故障投诉后，须利用相应设备确认故障范围。

2）注意后备电源电池充放电情况，维修时主、备服务器不可同时退出。

3）网络中断时应立即向网络供应商通报故障。

4）保养时注意检查各插件情况，并填写网络设备检查表。

（6）远传收费管理系统维修保养

1）每天使用相应工具软件扫描计算机硬盘。

2）注意检查不间断电源后备电池充放电情况，发现有电平值不正常的采样器应立即维修。

3）每半年做一次电表与抄表仪器数据校正。

4）计算机内抄表数据每满1年，用光盘进行备份后即可删除，以节省硬盘空间。

案例

某物业公司房屋附属设备设施养护与维修方案（节选）

一、共用设施设备情况

根据该小区的实际情况，该小区的共用物业设备设施有区内道路，室外照明、沟、渠、池、井、消防设施、机电设备、导视牌、给水排水管道。

二、共用设施设备维修养护周期

共用设施设备维修养护周期见表4—2—2。

表 4—2—2　　　　共用设施设备维修养护周期表

共用设施重大维修 / 工程项目年限（年）	区内道路	室外照明	沟、渠、池、井	消防设施	机电设备	导视牌	给水排水管道
1							
2							
3		△				△	
4			△				
5	△			△		○	△
6		△			△		
7							
8			☆			△	
9		☆					
10	☆			△		○	☆
11							
12		△	△		☆		
13						△	
14							
15	△	△		○		○	△
16			☆				
17							
18		☆			△	△	
19							
20	☆		△	△		○	☆
21		△					
22							
23						△	
24		△	☆		☆		
25	△			△		○	△
26							
27		☆					
28			△		△	△	
29							
30	☆	△		○		○	☆

注：中修△，大修☆，更换○。

三、共用设施设备日常维修方案

共用设施设备日常维修方案如表 4—2—3 所示。

表 4—2—3　　共用设施设备日常维修方案

序号	类型	项目	日常维修计划	方案
1	广场道路	路面、人行道、道牙	每周检查一遍，随坏随修	由工程管理部按项目维修规程实施
2	室外照明	高柱灯	每天检查一遍，随坏随修	由工程管理部按作业指导实施
		柱头灯		
		藏地灯		
3	沟、渠、池、井	雨水口	每周检查一遍，发现问题及时维修	由工程管理部按作业指导书规程实施
		雨水井		
		污水井		
		化粪池		
		阀门井		
4	机电设备	变配电设备	每天巡视检查，发现问题及时维修	由工程管理部组织实施
		给水排水设备		
		空调系统		
5	消防设备	自动烟感报警系统	每周检查一遍，发现问题及时维修	由工程管理部按相关维修规程实施
		消防栓、喷淋系统		
		疏散指示		
6	给水排水管道	管道	每天检查一遍，发现问题及时维修	由工程管理部按相关维修规程实施
		阀门		
7	共用标识导视	标识牌	每周检查一遍，发现问题及时维修	由工程管理部按相关维修规程实施
		警示牌		
8	其他共用设施	垃圾转运站	每周检查一遍，发现问题及时维修	由工程管理部按相关维修规程实施
		大门		
		围墙		

四、共用设施设备日常维修标准

共用设施设备日常维修标准见表 4—2—4。

表 4—2—4　　共用设施设备日常维修标准

序号	类别	项目	日常维修标准	日常维修实施效果
1	广场道路	路面、人行道、道牙	1. 路面修缮质量标准 2. 人行道铺设修缮标准	平整、无坑洼、无积水、无缺损、完好率达 99%以上

续表

序号	类别	项目	日常维修标准	日常维修实施效果
2	室外照明	高柱灯 柱头灯 藏地灯	1. 电气作业安全操作规程 2. 灯具施工技术标准	灯泡正常使用，灯罩完好清洁，灯杆及灯座无破损，完好率达99%以上
3	沟、渠、池、井	雨水口 雨水井 污水井 化粪池 阀门井	1. 井内无积物，井壁无脱落 2. 化粪池出口及分隔池无堵塞 3. 井盖上标志清晰	1. 井盖完好率达100%，标志清晰 2. 无缺损，少污积 3. 无堵塞
4	机电设备	变配电设备 给水排水设备 空调系统	1. 变配电设备保养规程 2. 给水排水设备保养规程 3. 空调维护保养规程	无故障，设备正常安全运行
5	消防设备	自动烟感报警系统 消防栓、喷淋系统 疏散指示	1. 给水排水管道施工技术标准 2. 消防设施施工技术标准	1. 消防设施正常有效 2. 灵敏、准确报警
6	给水排水管道	管道 阀门	给水排水管道维护规程	管道通畅，无渗漏
7	共用标识导视	标识牌 警示牌	1. 标识清楚，无污渍、破损 2. 安放牢固	1. 标志设施完好率100% 2. 标志无损坏
8	其他共用设施	垃圾转运站 大门 围墙	1. 无破损 2. 无脱落 3. 外观良好	1. 确保围墙的完好 2. 确保垃圾转运站正常使用

五、共用设施设备定期维修方案

共用设施设备定期维修方案见表4—2—5。

表4—2—5　　共用设施设备定期维修方案

序号	类别	项目	定期维修计划	方案
1	广场道路	路面、人行道、道牙	1. 每年对局部损坏严重，修补多次的路面、道牙、人行道板进行翻新 2. 路面翻新面积应控制在每年1‰以内，其他控制在每年5‰以内，逐年递增10%	翻新工作由工程管理部委托有关施工单位实施

第四章

续表

<table>
<tr><th>序号</th><th>类别</th><th>项目</th><th>定期维修计划</th><th>方案</th></tr>
<tr><td rowspan="3">2</td><td rowspan="3">室外照明</td><td>高柱灯</td><td rowspan="3">1. 灯杆每年刷漆一次
2. 每月清洁竹具一次
3. 每季度检修线路一遍
4. 对于破损灯具及有坏线路的灯具进行更换</td><td rowspan="3">由工程管理部按相关作业规程维修</td></tr>
<tr><td>柱头灯</td></tr>
<tr><td>藏地灯</td></tr>
<tr><td rowspan="5">3</td><td rowspan="5">沟、渠、池、井</td><td>雨水口</td><td rowspan="5">1. 化粪池每半年清理一次
2. 井盖板每半年刷一次漆，防止锈蚀
3. 每季度清理井内杂物一次
4. 每年全面维修一次</td><td rowspan="5">由工程管理部按相应作业规程实施</td></tr>
<tr><td>雨水井</td></tr>
<tr><td>污水井</td></tr>
<tr><td>化粪池</td></tr>
<tr><td>阀门井</td></tr>
<tr><td>4</td><td>园林绿化</td><td>绿化</td><td>1. 春、夏季各补换3%～6%绿地一次，树木春夏各补一次，每次3%
2. 花木每半月修剪一次
3. 草坪每月修剪一次
4. 乔木每月修剪一次
5. 根据病虫害发生规律，每年进行三次大消杀</td><td>由工程管理部按相应作业规程实施</td></tr>
<tr><td rowspan="3">5</td><td rowspan="3">机电设备</td><td>变配电设备</td><td rowspan="3">1. 每周检查控制设备一次
2. 每季度检查开关灵敏度及开关紧固件完好情况
3. 每年保养水泵一次
4. 空调主机每年保养一次</td><td rowspan="3">由工程管理部组织实施</td></tr>
<tr><td>给水排水设备</td></tr>
<tr><td>空调系统</td></tr>
<tr><td rowspan="3">6</td><td rowspan="3">消防设备</td><td>自动烟感报警系统</td><td rowspan="3">1. 消防栓及水泵接合器每半年油漆一次
2. 消防栓每半年排一次水，检修一次
3. 消防系统主要设备每年联动测试一次</td><td rowspan="3">由工程管理部按相关维修规程实施</td></tr>
<tr><td>消防栓、喷淋系统</td></tr>
<tr><td>疏散指示</td></tr>
<tr><td rowspan="2">7</td><td rowspan="2">给水排水管道</td><td>管道</td><td rowspan="2">1. 每年刷一次管道油漆
2. 每年检测一次管道固定码
3. 每半年维护一次阀门</td><td rowspan="2">由工程管理部负责维修</td></tr>
<tr><td>阀门</td></tr>
</table>

续表

序号	类别	项目	定期维修计划	方案
8	共用标识导视	标识牌	1. 每月清洁标识一次，并对标识安放基础稳固情况进行检查维护一次 2. 每年对标识进行维护一次 3. 每5年更换一次标识	由工程管理部组织实施
		警示牌		
9	其他共用设施	垃圾转运站	1. 每年刷油漆一遍 2. 每季度检查排水沟通畅情况 3. 每季度检查一次泄水孔疏通情况	由工程管理部按相应作业规程实施
		围墙		
		大门		

六、共用设施设备定期维修标准

共用设施设备定期维修标准见表4—2—6。

表4—2—6 共用设施设备定期维修标准

序号	类别	项目	日常维修计划	方案
1	广场道路	路面、人行道、道牙	1. 路面施工质量标准 2. 人行道铺设技术标准	使局部损坏严重的路面通过翻新延长寿命，从而使整个道路保持均衡使用功能
2	室外照明	高柱灯	灯具施工技术标准	1. 实现良好的灯具外观 2. 照明系统正常有效启用 3. 照明设施线路完好率达99%以上
		柱头灯		
		藏地灯		
3	沟、渠、池、井	雨水口	1. 化粪池清理作业规程 2. 井盖刷漆防锈作业规程	1. 池内、井内沉积物及时清理，出口畅顺 2. 井盖正常使用，密合 3. 流水通畅，无堵塞
		雨水井		
		污水井		
		化粪池		
		阀门井		
4	园林绿化	绿化	绿化工作标准	绿草如茵，树木青翠，剪切整齐
5	机电设备	变配电设备	机电设备维护保养规程	1. 无故障停水、停电 2. 空调系统运行正常
		给水排水设备		
		空调系统		

续表

序号	类别	项目	日常维修计划	方案
6	消防设备	自动烟感报警系统	消防报警系统维护保养规程	1. 设施正常有效使用 2. 外观完好，标识清楚 3. 灵敏、准确报警
		消防栓、喷淋系统		
		疏散指示		
7	给水排水管道	管道	给水排水管道维护修缮标准	1. 管道通畅，无渗漏 2. 阀门灵活，不漏水
		阀门		
8	共用标识导视	标识牌	ABC 国际标识、楼层标识、警示牌制作、安装及管理规程	1. 标识清洁美观 2. 安放稳固 3. 标识清晰
		警示牌		
9	其他共用设施	垃圾转运站	垃圾转运站及围墙维护标准	1. 设施完全正常使用 2. 完好美观
		大门		
		围墙		

七、共用设施设备日常检查表

共用设施设备日常检查表见表 4—2—7。

表 4—2—7 共用设施设备日常检查表

名 称		编号		地址							
检查人		负责人				检查时间	年 月 日				
检查项目		检查结果				损坏原因					
		完好	基本完好	一般损坏	严重损坏	自然损坏	人为损坏	预防保养不善	其他原因		
1	区内道路、路灯										
2	沟、渠、池、井、上下水主管道、室外消防设施										
3	机电设备										
4	共用标识导视、其他共用设施										
检测方法	□直观法 □刺探法 □仪器检测法 □计算法										
整体质量评定	□完好 □基本完好 □一般损坏 □严重损坏										
备 注											

思考与练习

1. 物业设备的构成有哪些？
2. 物业设备养护和维修分类有哪些？

3. 物业设备管理的内容有哪些?

4. 物业设备运行管理的程序是什么?

5. 调研本地区的大型住宅区，根据该社区的附属设备情况，编制一份附属设备养护和维修方案。

第五章　物业安全管理

第1节　公共秩序维护管理

公共秩序维护管理在整个物业管理中占有举足轻重的地位，它是业主（住户）安居乐业的保证，也是整个社区及社会安定的基础，同时良好的管理能增加物业服务企业的信誉。在公共秩序管理中，经常会遇到各种各样的问题，而物业服务企业的公共秩序维护员不是专业的公安人员、工程人员或医务人员，而是物业服务者，所以要求相关人员既要坚持原则，依法处理，又要有一定的灵活性和服务意识。

一、公共秩序维护管理概述

1. 公共秩序维护管理的含义

公共秩序维护管理是指物业服务企业为防盗、防破坏、防流氓活动、防意外及人为突发事故而对所管物业进行的一系列管理活动。治安管理防治的对象主要是人为造成的事故与损失。其目的是避免所管物业区域内财物受损失，人身受伤害，维护正常的工作、生活秩序。

2. 公共秩序维护管理的特点

（1）复杂性

一些大型商业区、综合楼建筑结构复杂，来往人员复杂，人员流动量大，情况不宜掌握。又由于服务管理区域内入驻的单位、机构复杂繁多，而公共秩序维护管理又不能干预过多，因而管理难度大。

（2）时间性

公共秩序维护部是物业服务企业各部门唯一常年24 h工作的部门。公共秩序维护管理工作既要常抓不懈，又要及时处理，在第一时间内把一切安全隐患消灭在萌芽状态。

（3）服务性

物业管理的任务就是为客户提供优质服务和高效管理，虽然公共秩序维护管理工作形式在表面上与对客户的服务发生冲突，但是从本质上讲，公共秩序维护管理工作还是在为客户提供一种安全性的服务。因此，公共秩序维护部首要任务就是坚持“服务第一、用户至上”的服务宗旨，强化服务意识，提高安全管理水平，切实为客户做好安全防范工作。

二、公共秩序维护设施与装置

1. 公共秩序维护设施

公共秩序维护设施指物业区域内为维护公共秩序的公共设施。例如住宅小区四周修建的围墙或护栏；大厦中紧急情况下的通道等。

2. 公共秩序维护装置

随着科学技术的发展，许多先进的保安装置问世，现已陆续应用于物业管理的公共秩序维护服务中。

（1）报警装置

报警装置可以用于防盗、防火，在发现有人行窃时可以立即报警，通知公共秩序维护员捕捉。或在发生意外事故时报警，通知有关人员采取措施及时制止灾情，并可使事故现场的人员及时撤离。现在报警器有许多种，如红外线报警器、自动报警器、玻璃门窗报警器以及安全撤离系统等。

（2）门户密码开启装置

1）密码钥匙。这是一种特殊的装置，它不仅是靠钥匙的形状不同打开锁，而主要是靠密码的差异来区分每把钥匙所能打开的锁。而且这种锁还有记忆功能，它能记录下来开锁的时间和持有钥匙的人。

2）安全卡。安全卡实际上也是一种钥匙，它的作用与上述钥匙相同，但它是一种磁卡，更难仿造。

3）远距离控制门锁。它适用于高层或多层住宅，有客人来访时，可以接通拟拜访的住户。当住户与来访者通过对讲装置或电视监视器确认可以放行时，住户在自己家内即可打开楼门让来访者进入。

3. 闭路电视监视系统

对于档次较高的物业，如办公楼宇、商厦、超级市场、公寓、新建住宅小区等场所设有监控中心，通过闭路电视随时观察出入口、重要通道和重点安全防范场所的动态。闭路电视监视系统由摄像、控制、传输和显示部分组成。可在一处集中监视多个目标，在进行监视的同时，可以根据需要定时启动录像机、伴音系统和时标装置，记录监视目标的图像、数据、时标，以便存档分析处理。

三、公共秩序维护管理的主要内容

1. 门卫管理

（1）门卫的条件

门卫是物业管理区域安全服务的第一卫士，在公共秩序维护服务中占有很重要的地位。门卫人员的素质反映公共秩序维护队伍的整体素质，也代表着物业服务企业的服务水平。

因此，门卫应具备较高素质：体格健壮，相貌端正，机警灵活，文明礼貌，具有较丰富的工作经验和较好的服务意识。

（2）门卫的岗位职责

门卫包括物业管理区域大门的门卫和停车场的门卫。门卫的岗位职责主要有：

1）着装整齐、佩戴齐全，按时上岗交接班。

2）值班时不准干与工作无关的事，如擅自离岗、嬉笑打闹、看书报、吃东西、睡觉、收听录音机等。

3）值勤中要讲文明、懂礼貌，不刁难业主和客户，处理问题要讲原则、讲方法，态度和蔼不急不躁。

4）认真填写各种登记，要求字迹清楚，内容详细准确。

5）对外来人员一律进行出入登记，来访的客人得到业主或公司领导同意后方可进入。

6）严谨各类修补、买卖、收旧及搞传销的人员进入小区。

7）装修材料及专业安装队进入时应检查相关手续，未办理装修和安装手续的不允许进入。

8）装修人员进入小区须检查《临时出入证》。

9）对运出小区的物品必须有物业公司签字后方可放行。

10）进入小区的车辆要详细检查，如发现有问题时应请车主（司机）在检查表上签字确认。

2. 守护管理

守护是指对特定或重要目标实行实地看护和守卫，如一些重点单位、商场、银行、证券所、消防与闭路电视监控中心、发电机房、总配电室、地下车库等。安排守护人员时，应根据守护目标的范围、特点及周围环境，确定适当数量的哨位。通常可以采用固定哨、游动哨和瞭望哨的形式。

（1）固定哨

固定哨是指派适当数量的公共秩序维护人员在固定的位置执行守护任务。固定哨一般设在守护项目的出入口，如物业管理区域的大门口、大厦的出入口、重要地方的出入口，以控制人员、车辆及其携带或装载的物资的出入，防止犯罪分子破坏，防止各种事故的发生。

（2）游动哨

游动哨是为了弥补固定哨的不足，在守护范围内对一些薄弱环节或易出问题的部位、区域，派出公共秩序维护人员进行巡逻。在游动哨位执行任务的公共秩序维护人员需熟悉游动区域的地形、守护设施及规定的口令和信号。游动巡逻应按指定的路线和区域进行，加强对重点地方的巡逻。在节假日、夜间及气候恶劣、社会治安情况复杂的时候，特别要加强游动巡逻。

（3）瞭望哨

瞭望哨是在守护范围较大的区域内，选择便于观察的制高点，配备公共秩序维护人员进行瞭望观察，以便及时发现可疑情况，迅速采取措施。担任瞭望任务的公共秩序维护人员，应熟悉与有关人员、部门联系的方法和信号，以便发现可疑情况及时通报，及时采取措施。

3. 巡逻管理

巡逻管理指在一定区域内有计划地巡回观察，以确保该区域的安全。一是发现和排除各种不安全因素，如门窗是否关好、车辆是否按要求停放、各种设施设备故障和灾害隐患、值班、守护不到位或不认真等；二是及时处置各种违法犯罪行为。

公共秩序维护服务是物业管理区域内常规性公共服务内容，巡逻的范围只严格限定在物业管理区域内的公共地方。开展公共秩序维护服务的公共范围有：物业管理区域内的绿化区、休闲娱乐场所、停车场、走廊通道、电梯间、安全通道、消防通道等。未经客户允许，公共秩序维护服务人员一般情况下不允许进入客户的房间内。巡逻的方式主要有：

（1）定时巡逻和不定时巡逻

定时巡逻时要求公共秩序维护人员每隔一定时间（如每 2 h）巡逻一次，其作用是对物业管理区域的安全情况做到心中有数，并能控制物业管理区域的秩序，发现问题及时解决。为了防止犯罪分子了解定时巡逻的规律，有必要采取不定时巡逻的方式，确保物业管理区域的正常秩序和客户的安全。

（2）穿制服巡逻和着便装巡逻

物业管理区域内要求公共秩序维护人员穿统一的制服进行巡逻，公共秩序维护部的经理可以穿便装巡逻。两种巡逻方式可以同时或交替进行，有效地弥补巡逻工作中的缺陷，取得更好的公共秩序维护服务效果。

（3）昼间巡逻和夜间巡逻

白天巡逻的主要任务是检查物业管理区域内的公共秩序情况，夜间还要进一步加强防范，如检查各楼层客户的房间是否锁好，对公共地方加强巡逻。

巡逻路线一般可分为往返式、交叉式、循环式三种，但无论采用何种方式都不宜固定，上述三种方式也可交叉使用。在巡逻时要特别注意重点部位的巡查。

四、机构设置与职责划分

1. 机构的设置

物业公共秩序维护服务任务比较明确，不同类型、不同规模的物业公共秩序维护部的机构设置不同。一般来说，物业管理规模越大，物业类型及配套设施越多，其机构设置越多。

按公共秩序维护工作性质和工作任务的不同，公共秩序维护部下辖办公室、门卫班、巡逻班、电视监控班、消防班、车场保安班等，其组织架构如图 5—1—1 所示。

2. 公共秩序维护管理部人员的职责划分

（1）部门经理的工作职责

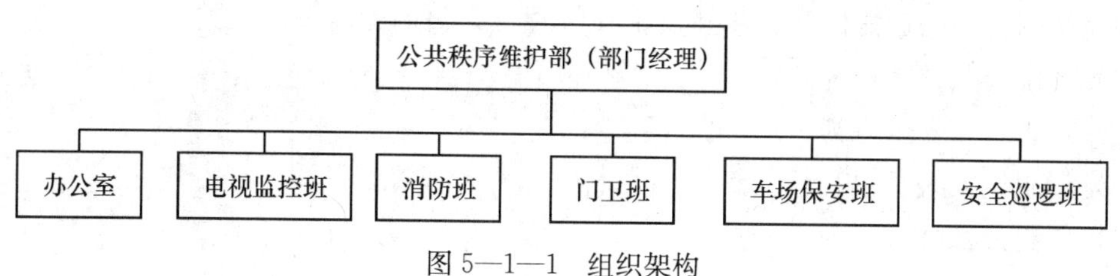

图 5—1—1 组织架构

公共秩序维护部经理是在物业服务企业总经理的直接领导下负责整个物业范围内的公共秩序维护工作。其主要工作职责有：

1）制订公共秩序维护部工作计划，建立健全各项公共秩序维护工作制度。

2）主持部门工作例会，组织公共秩序维护部全体公共秩序维护人员开展各项公共秩序维护工作。

3）积极组织开展以“五防”（防火、防盗、防破坏、防爆、防自然灾害）为中心的安全法纪教育，领导和组织对公共秩序维护员的培训工作。

4）组织对较大案件的调查处理工作。

5）监督考查本部门各岗位公共秩序维护员的工作表现，处理有关公共秩序维护工作方面的投诉。

6）完成总经理下达的其他任务。

（2）经理助理（领班）的工作职责

1）部门经理不在时，代行经理职权，处理有关公共秩序工作事宜。

2）协助部门经理做好公共秩序日常管理工作。

3）检查、监督各班组的工作，发现问题及时向经理汇报。

4）做好分管区域的重点防范工作。

（3）公共秩序维护员的工作职责

1）认真遵守公司的规章制度，按时上下班，不迟到早退。

2）文明礼貌，行为规范，努力为业主和使用人提供优质服务。

3）坚守工作岗位，提高警惕，严防犯罪分子从事破坏活动。

4）熟悉辖区内业主和使用人的情况，掌握辖区内治安特点，保护辖区物业及业主、使用人的人身财产安全。

5）认真做好防火、防盗等工作，发现不安全因素应立即查明原因，尽快排除险情并及时向上级汇报。

6）认真做好值班记录，严格遵守交接班制度。

五、治安管理常识

1. 违反治安管理行为的分类

违反治安管理的行为很多，根据长期同违反治安管理行为作斗争的实际情况，《治安管理条例》按照行为的违法内容，将违反治安管理行为归纳为以下八大类。

（1）扰乱公共秩序行为。

（2）妨害公共安全行为。

（3）侵犯他人人身权利行为。

（4）侵犯公私财物行为。

（5）妨害社会管理秩序行为。

（6）违反消防管理行为。

（7）违反交通管理行为。

（8）违反户口或居民身份证管理行为。

2. 违反治安管理行为与犯罪行为的区别

（1）情节轻重和对社会危害大小不同。犯罪情节重于违反治安管理行为，社会危害性大于违反治安管理行为。

（2）触犯的法律不同。犯罪触犯《刑法》，违反治安管理行为触犯《治安管理条例》。

（3）应当受到的处罚不同。犯罪应受刑罚处罚，违反治安管理行为，应受治安管理处罚。

六、正当防卫、紧急避险常识

1. 正当防卫的条件

正当防卫的出发点是为了保护合法的权益。但是，在保护的同时又造成了不法侵害者一定的损害。因此，在行使这项权利时必须要符合法律规定的条件。否则，滥用防卫权，无限扩大对对方的损害，不仅达不到同违法犯罪行为作斗争的目的，还会造成国家和人民利益不应有的损害，破坏了社会主义法制。正当防卫的条件包括不法侵害和防卫两个方面的条件。

（1）正当防卫的不法侵害条件

1）必须有真实存在的不法侵害行为，才能进行正当防卫。所谓真实存在的不法侵害行为，是指客观上发生了危害社会的行为。也就是说，这种危害社会的行为，不是行为主观想象和推测的，而是客观存在的。

2）必须针对正在进行的不法侵害行为，才能实行正当防卫。这个条件说的是正当防卫的时机问题。不法侵害正在进行，是指不法侵害行为已发生并尚未结束。此时，不法侵害行为处于实施阶段。譬如，杀人犯正举刀向被害人砍来，盗窃犯正在撬门扭锁。不法侵害行为尚未发生或者已经结束，都不属于正在进行的不法侵害行为。在这种情况下实施的行为，都不属于正当防卫。

（2）正当防卫的防卫条件

防卫行为是由不法侵害行为引起的，它包括防卫对象和防卫限度两个条件。

1）正当防卫必须针对不法侵害者本人实行。这一条件是指正当防卫不能针对没有实施不法侵害的他人进行。正当防卫的目的在于排除不法侵害，所以，只能采取给侵害者本人造成损害的方式进行，不能损害他人的合法权益。

对于未达到法定责任年龄的人及精神病人所实施的侵害行为，不能实行正当防卫。情况紧迫的，可采取紧急避险。

2）正当防卫不能超过必要限度，造成不应有的损害。正当防卫的必要限度，是指有效制止不法侵害所必需的限度。判断正当防卫的必要限度，一是要看防卫行为是否能有效制止住不法侵害；二是要把防卫行为与侵害行为进行比较，凡是经综合分析认为防卫行为与侵害行为在性质强度、手段等方面大体相当，即可认定是制止不法侵害所必须的限度。否则，为了保护轻微的合法权益，而对不法侵害者造成重大损失的；或能用较缓和的防卫手段就足以制止不法侵害，而采取激烈的，强度很大的手段的，就是超过正当防卫的必要限度。

上述正当防卫的两个方面的四个条件是一个有机联系的整体，缺一不可，只有这两个方面的四个条件同时具备，正当防卫才能成立。否则，就是非正当防卫。

2. 常见的非正当防卫

非正当防卫，是指行为人的行为不符合正当防卫某个条件的"防卫"。非正当防卫属于不法行为，要承担相应的法律责任。常见的非正当防卫，主要有以下几种：

（1）假想防卫

正当防卫必须要针对真实存在的不法侵害行为才能进行。假想防卫，是指不法侵害行为实际不存在，只是由于行为人认识上的错误，想象或者推测存在着不法侵害，并对想象或推测中的侵害人实行侵害的行为。

（2）防卫挑拨

正当防卫所针对的不法侵害行为是侵害人主动发起的，防卫人被迫进行防卫，以避免损害。防卫挑拨，是指不法侵害的行为人以故意挑衅、引诱等方法，促使对方先对自己实行袭击，然后以"正当防卫"为借口加害对方的一种行为。

（3）不适时防卫

正当防卫必须是针对正在进行的不法侵害行为才能实行。不适时防卫，是指针对不是正在进行的不法侵害行为所进行的"防卫"行为。它包括两种情况，提前防卫和事后防卫。

（4）局外防卫

正当防卫必须是针对不法侵害者本人实施。局外防卫，是指防卫者对不法侵害者以外的人实行的侵害行为。

（5）抗拒防卫

正当防卫是合法权益的保卫者，对不法侵害者进行的反击。对实行合法行为的人，不存在正当防卫问题。抗拒防卫，是指行为人为了保护自己的非法利益，而对执行职务或其他实行合法行为的人所进行的抗拒、侵害行为。例如，逃犯抗拒公安人员的追捕。

（6）互殴行为

正当防卫的双方，一方是不法侵害者，另一方是合法权益的保卫者。如果双方都有互相侵害的故意，都实施了不法行为，则都属于不法侵害者，双方都无正当防卫的权利。互殴行为，是指双方互相殴斗的行为。

（7）防卫过当

正当防卫不能超过必要限度。防卫过当，是指行为人的防卫行为超过了必要限度，给对方造成了不应有的损害的行为。

3. 紧急避险

紧急避险是指为了公共利益、本人或他人的人身及其他权利免受正在发生的危险，不得已采取的损害另一合法利益的行为。紧急避险的构成要件主要有：

（1）必须是合法利益受到紧急危险的威胁。这里说的危险，一是指他人的不法侵害；二是自然界力量的危害；三是动物的侵袭等。对合法的行为不能实行紧急避险。

（2）危险必须是正在发生的，而不是危险尚未到来或者已经过去，在这种迫在眉睫时刻，才可实行紧急避险。

（3）避险行为必须是为了使合法利益免遭损害而实施，否则不成立，也不允许实行紧急避险。

（4）避险行为必须是在没有其他方法可以排除危险。在迫不得已的情况下实施的。

（5）紧急避险必须是实际存在的，不能是假想的或推断的。

（6）避险行为不能超过必要的限度。也就是说损害他人的利益必须比保全的利益为轻，否则超过必要限度，造成不应有损害的，应当负刑事责任。我国《刑法》第十八条第 3 款，关于避免本人危险的规定，不适用于职务上、业务上负有特定责任的人，不能以保全自己或者其他权利为由，而逃避自己应尽的责任和义务。如果为此造成后果的，应承担法律责任。

七、现场保护常识

我国《刑事诉讼法》第七十二条规定：“任何单位和个人，都有义务保护犯罪现场，并立即通知公安机关派员勘察。”公共秩序维护人员在自己执勤辖区内如果发现刑事案件，更应担负好保护现场的工作，为公安机关破案创造条件。

案件现场，是指犯罪分子作案的地点和留有与犯罪有关痕迹和物证的一切场所。犯罪分子在一定的时间、地点，采用一定的方法和手段实施犯罪，由于行为的后果必然引起所涉及事物的改变，以致留下痕迹物证。现场是破案人员分析案情，捉拿罪犯及审判罪犯的重要实证依据。

1. 现场的分类

按现场的状态、状况及保护情况一般分为：

（1）原始现场

即从案件发生后至勘察前，没有遭到任何改变和破坏，仍然处于犯罪分子作案时的原始状态的现场。

（2）变动现场

即案件发生后，由于自然或人为的原因，致使现场的原始状态发生了部分或全部的改变，罪犯遗留的痕迹、物证遭到不同程度的破坏。

（3）伪造现场

即犯罪分子在实施犯罪过程中，为了毁灭证据，逃避打击，有计划、有目的地将现场加以伪造，企图转移侦察视线，或者嫁祸于人，妄图陷害；也有的为了某种需要，而有意制造假案的现场。但是，不管犯罪分子如何狡猾，只要实施犯罪，都必然引起客观事物的变化，其实施犯罪和掩盖犯罪的矛盾是无法克服的。

2. 现场保护方法

（1）露天现场的保护

对露天现场的保护，通常是划出一定的范围布置警戒。范围的大小，原则上应当包括犯罪分子作案的地点和犯罪分子可能遗留痕迹的场所。范围划定后，即可采取措施加以保护，如对于不大的露天现场，条件又许可时，可以在现场周围绕以绳索，或撒以白灰作为标记，防止人们闯入。对于现场的重要部位和出入口，应当设网看守或者设置屏障遮挡。对于通过现场的道路，必要时可以中断交通，指挥行人绕道而行。对于大院内空地上的现场，可以将大门关闭，如果院内有其他住户，可以划出进出通道。有些露天现场虽位于偏僻处，但也应加以保护，防止破坏。

（2）室内现场的保护

对室内现场的保护，通常可将房门封闭，并在门窗和重点部位设岗看守，对房子周围和进出室内经过的场所，应布置警戒，禁止任何人接近。

八、物业区域重点案件处置程序

1. 爆炸案件及可疑爆炸物品的处置程序

（1）发现爆炸和可疑爆炸物，一般分爆炸恐吓和现场发现。当发生电话威胁恐吓时，接听电话者要保持镇静、礼貌，力图从来电者获得尽量多的信息。如爆炸物情况、爆炸目标、来电号码、从何处打电话、来电者姓名、性别、年龄、语言特点、电话杂音背景等。

（2）无论是接听威胁、恐吓电话还是现场发现爆炸物，都要及时采取措施通知上级、公安机关及物业管理各部门，但不要惊动来电者，并要核实是否通知到位。

（3）公共秩序维护部经理要及时赶到现场，组织警力，立即布置以爆炸物或爆炸现场为中心的警戒线，控制保护现场。待接到上级或公安机关指令后方可撤离现场保护。除公安人员以外，不允许任何人进入保护控制区域。认真对待传媒人员入内采访。

（4）在得到上级或公安机关指令后进行人员疏散，所有人员要疏散到相对安全区域。

（5）物业管理各部门接到通知后，立刻做好相应准备，如关闭附近由于爆炸可能引起恶性事故的设备，撤走现场附近的排除可疑性的可以移动的贵重物品，做好抢救伤员的准备工作，必要时通知当地急救中心。为预防火灾，必要时可通知消防部门。

（6）公安或相关专业人士到达现场后，听从他们的指挥，全力配合他们排除险情，同时应该清楚记下办案警官官级、编号及报案的编号，做日后查阅、参考之用。

（7）做好善后组织安排工作，如配合公安机关进行侦破、调查、取证工作，统计、记录受损物品情况，抢修、更换受损设备、设施，得到指令后清理现场等。

（8）公共秩序维护部经理应将事件处置经过和情况，以报告形式呈报上级领导。

2. 暴力案件处置程序

（1）迅速向物管部报案，报案时讲清你的姓名、身份、联系方式、案发地点、时间等简要情况。

（2）物管部经理向上级报告或上报公安机关，如果属于涉外情况，则要上报公安局外国人出入境管理处或外事科。

（3）接到报案后，物管部经理迅速赶到现场，确认现场和组织警力保护现场，同时要认真对待传媒人员入内采访。

（4）在现场尽力控制犯罪嫌疑人员，如现场危险，则尽力控制局面等候公安人员。当公安人员到场后，配合公安人员进行抓捕活动，并向公安人员汇报、提供相关记录、监控录像资料，全力配合公安机关调查工作，协助破案。同时，应该清楚记下办案警官官级、编号及报案的编号，做日后查阅、参考之用。

（5）在现场，尽力寻找目击证人或报案人，收集证言、证物。尽量了解案情，并进行详细记录。

（6）如果有受伤人员，应及时通知当地急救中心或附近医疗机构，或采取必要的急救措施，但只有受过专业急救培训者方可实施急救。

（7）做好相应善后工作，得到公安机关命令后，清理现场，撤离保护现场，清点、记录财务情况，恢复被损坏设备、设施，尽快恢复经营活动。

（8）物管经理应将事件处置经过和情况以报告形式呈报上级领导。

3. 突发死亡事件处置程序

（1）遇有突发死亡事件时，物管部经理迅速赶赴现场，组织警力保护现场。同时要认真对待媒体采访人员。

（2）及时上报上级领导和公安机关，如涉及境外人员，还应上报公安局外国人出入境管理处或外事科。

（3）如无法确认当事者是否死亡，迅速通知当地急救中心或附近医疗机构。

（4）寻找记录和收集证人、语言、遗言、遗物等线索，特别是死者性别、主要特征、现场情况等内容。

（5）公安人员到达现场后，认真汇报事件发生情况，提供监控记录、现场案件记录等，全力配合公安机关处理调查工作。同时，应该清楚记下办案警官官级、编号及报案的编号，做日后查阅、参考之用。

（6）做好善后工作，运走死者遗体后，根据公安机关的要求，公共秩序维护部决定是继续保护现场还是撤离现场保护，清理现场。

（7）根据公安机关要求，决定是否协助联系、寻找死者家属。

（8）物管部经理应将死亡事件处置过程和情况以报告形式呈报上级领导。

4. 贩毒、吸毒案件处置程序

（1）发现贩毒、吸毒嫌疑人时，及时上报，讲明地点、人数、国籍、是否带有凶器和自己的姓名、身份。

（2）物管部经理带领警员迅速赶到现场，携带必要的工具，视情况决定是否上报公安机关，如涉及外国人，要上报公安局外国人出入境管理处或外事科。

（3）采取必要措施控制现场，并将嫌疑人带回物管部。此时，要提高警惕，以防嫌疑人带有凶器，避免伤害或逃跑。

（4）在现场注意收集贩毒、吸毒语言、证物，并详细记录备案。

（5）经确认，确有贩毒、吸毒嫌疑，要及时交与公安机关处理。

（6）物管部经理应将案件处置经过和情况以报告形式呈报上级领导。

5. 恶意投毒案件处置程序

（1）接到中毒报警后，立即联系当地急救中心或安排事件中毒者到最近医院进行抢救。

（2）物管部经理应立刻赶赴现场，经确认是投毒或可能是投毒案件时，组织警力保护现场，联系物业管理相关部门，采取必要的封闭、隔离措施，防止中毒范围扩大，同时上报公安机关。要认真对待媒体采访人员。

（3）迅速调查或配合公安机关对辐射区域以及其他区域进行全面搜索，如果还有中毒者或可疑物，立即封闭该区域，疏散所有人员，派驻警员，设立警戒标识。

（4）禁止非专业人员接近、触摸、挪动可能性的毒源及可疑物品，等待公安机关或专业人员前来处理。并向公安人员汇报案发情况，提供录像、记录等资料，并要清楚记下办案警官官级、编号及报案的编号，做日后查阅、参考之用。

（5）在毒源不明的情况下，可以关闭水源、送风系统。并向客户及时阐明情况。待卫生机构确认水源、送风系统的安全性后方可重新开启。

（6）物管部经理应将投毒案件处置经过和情况，以报告形式呈报上级领导。

6. 散发非法宣传品事件处置程序

（1）如果发现有人张贴、散发非法宣传品，公共秩序维护部警员立即赶赴现场，制止违法活动，没收、清除非法宣传品。

（2）保留必要证据和控制散发非法宣传品的人员。注意观察其是否有同伙、是否携带凶器或易燃易爆物，警员要注意自我保护。

（3）如有群众围观，应及时采取措施疏散围观群众，避免事态扩大，如警力不够，要请求公共秩序维护部支援。

（4）物管部经理视案情决定是否上报公安机关。同时组织警力待命，以备事态扩大之需。

（5）公安人员到场，物管部协助配合公安人员调查处理案件工作。并提供所掌握的证言、证物。同时清楚记录下办案警官官级、编号及报案的编号，做日后查阅、参考之用。

（6）物管部经理应将案件处置过程和情况以报告形式呈报上级领导。

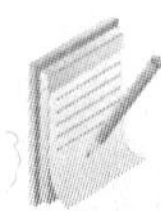

思考与练习

1. 在物业区域内，一般有哪些公共秩序维护服务设施与装置？
2. 公共秩序维护管理有哪些特点？
3. 物业区域内发现散发非法宣传品事件，应如何处置？
4. 正当防卫不法侵害的条件有哪些？
5. 阅读下面两则案例，讨论并回答问题。

案例 1 报警器误报惹了祸

一天，某物管公司值勤接到住户联网的报警信号后即赶赴现场，在楼道听到住户家中有响声，但却敲不开门，于是该值勤人员就用工具将门强行破开，发现家中住有一位老太太，而报警信号属于报警器误报。物管公司领导闻讯立刻向住户赔礼道歉，并修理好损坏的房门。后来业主向物管公司提出赔偿要求。

案例 2 报警求助处理不当

一次，上海某住宅小区物业管理处接到一住户的报警信号，派出两名公共秩序维护员前往处理，秩序维护员找到报警住户门口，经敲门无人应答，思考再三没有破门而入，而是守候在业主家门口，事后才知业主家发生了刑事案件，业主以管理处不及时破门救助为由，把物业服务公司告上法庭。

上述两个案例反映了这样的矛盾：物管公司收到报警信号后，该不该破门而入，强行入室？遇到应急事件时，应怎样处理？

第 2 节 消 防 管 理

物业消防管理是安全服务的一项重要内容，物业公司要广泛开展防火宣传教育活动，树立消防安全意识，群防群治，“防”才有基础，“消”才有力量。物业的消防管理必须贯彻执行“预防为主，防消结合”的方针。要求消防工作在指导思想上，要把预防火灾放在首位。要采取一切行政的、技术的和组织的措施，防止火灾的发生。

一、物业消防管理的含义及目的

物业消防管理是指在日常管理中通过有效措施预防物业发生火灾，在火灾发生时采取应急措施以最大限度地减少火灾的损失。消防管理在物业管理中占有头等重要的地位。物业管理中最常见的意外事故是火灾，给住用人的生命财产带来最大危害的也是火灾。因此，做好消防工作是物业安全使用和社会安定的重要保证。

物业消防管理的基本目的是预防物业火灾的发生，控制火灾的蔓延，减少火灾损失及其他善后工作，为业主和使用人的生产和生活提供安全的环境，增强城市居民安全感，保证其生命和财产安全。

二、消防管理机构的设置与职责划分

1. 消防管理机构的设置

消防管理工作主要包括防火和灭火两个方面。物业服务企业在设置消防管理机构时，要结合所服务管理物业项目的特点、要求和物业服务企业机构特点，可以选择对防火与灭火组织机构进行分别独立设置，也可以对防火与灭火组织机构进行混合设置。

物业公司的消防管理部门一般从属于公司的公共秩序维护部门，即在公共秩序维护部设有消防班，但消防班是专设和单列的。

2. 消防管理人员的职责

（1）专职消防管理人员的职责

1）对本部门和物业公司的经理负责，负责管理、监督、检查、指导、整改所辖区域内的消防工作。

2）落实各项防火安全制度，严格贯彻执行消防法规。

3）组织消防宣传教育，加强业主和使用人的消防意识。

4）负责所辖区域内动用明火作业的签批和现场监护工作。定期巡视、试验、检查、大修、更新各种消防设施和器材，指定专业人管好辖区内的各种消防设施和器具。对消防设施故障和不足，应专门报告给主管领导，并做好维修计划。

5）定期检查所辖区域内的要害部位，及时发现和消除火灾隐患。

6）负责消防监控报警中心，24 h日夜值班，做好值班记录和定期汇报计划工作，发现火警、火灾时，应立即投入现场指挥和实施抢救等。

7）制止任何违反消防安全管理的行为和企图。

（2）义务消防人员的职责

1）认真学习有关的消防知识，掌握各种器材操作技术和使用方法。

2）积极做好宣传防范教育工作：宣传教育内容主要有防火、灭火基本方法，物业内消防设施及其功能与使用，安全疏散和人员抢救等，宣传方式可采取专人上门发通知、张贴广告、出墙报、利用广告等。

3）定期检查本部门和所管区域内的消防器材设备的完好状况。

4）一旦发生火警、火灾应立即投入现场抢救等。

三、物业消防管理的内容

1. 建立高素质的消防队伍

为加强物业的消防管理，物业公司应在公共秩序维护部内成立一个专职的消防班来负责此项工作，同时做好义务消防队伍的建立和培训工作。

2. 制定科学完善的消防管理工作制度

（1）消防中心值班制度。消防中心是火警预报、信息通信中心，消防值班员必须有高度的责任感，认真严肃地做好消防中心的值班监视工作。

（2）防火档案制度。消防部门要建立防火档案，对防火隐患、消防设备状况（位置、功能、状态等）、重点消防部位、当期消防工作概括要记录在案，以备随时检阅。还要根据档案记载的前期消防工作概况，定期进行研究，不断提高防火、灭火的水平和效率。

（3）消防岗位责任制度。要建立各级领导负责的逐级防火责任制，上至公司领导，下至普通的消防员，都对消防负有一定的责任，从而建立健全防火制度和安全操作制度，层层明确责任，建立全方位的监督制度体系。

（4）定期进行消防安全检查制度。要确保消防栓玻璃、水枪、水带齐全完好，报警系统运行良好，准确无误，达到应急要求。配电房、值班室等位置或区域应按规定配齐各种消防设备设施。备用发电机、消防水泵、消防电梯等状态完好，达到应急要求。定期组织检查，做到普查与自查相结合，还要对重点部位进行定期重点抽查等，做到发现隐患要立即消除。

（5）专职消防员的定期培训和演习制度。做好物业安全的消防管理工作，必须要配备一定数量和质量的消防队员，建立消防义务组织，并定期对消防人员进行模拟训练和开展消防演习，提高消防意识和技能，增强火灾扑救能力。

（6）其他有关消防的规定等。如严禁使用交流电门铃；严禁在物业区域内堆放易燃易爆等物品；严禁在楼上燃放烟花爆竹等；未经批准，不得擅自进行管、线路（电表）的改装、增容等；严禁堵塞防火通道等。

3. 消防设备管理

政府管理部门通过制定严格的消防法规，制定消防合格证制度。对新建房屋必须通过对消防设施、设备的检查，符合消防要求和安全规定后，颁发消防合格证，任何建筑取得消防合格证后，才可投入使用。

物业服务企业则主要负责消防设施、器材的日常管理、保养和维修。通过专人定期的巡视、检查、保养和发现问题的及时维修，确保各类消防设施、器材随时处于完好状态。消防设施的维修需要专门的技术，特别是一些关键设备，应聘请持有合格消防牌照的专业公司进行。作为物业服务公司，一般应注意以下几个方面：

（1）熟悉消防法规，了解各种消防设备的使用方法，制定本大厦的消防制度和有关图册，并使管理人员及用户熟悉。

（2）禁止擅自更改消防设备位置，特别是用户进行二次装修时，应严格审查。

（3）定期检查消防设备是否完好、规范，对使用不当的应及时更正等。

（4）公共走廊和通道必须保持通畅，绝对不能放置其他物品。

（5）加强消防值班和巡逻，及时发现火灾隐患并予以处理等。

4. 加强消防管理的教育培训

“预防为主，培训教育先行”。消防工作的宣传教育和培训是增强消防工作的透明度、发动用户和管理公司员工自觉地同火灾作斗争的一项重要措施，也是贯彻“预防为主，防消结合”方针的一个重要内容，是提高所辖区域内的全民消防意识，普及消防法规和消防知识的重要途径。

（1）对员工的培训教育。公司的员工是物业消防管理的主要力量，对员工的消防知识培训主要有以下三个方面的内容：学习消防理论知识，如政府的消防法规、防火灭火的基本原理和基本知识。熟练使用常用灭火器材，如手提灭火器的操作、防毒面具的穿戴、大楼消防设施的使用等。开展消防综合演练，在消防演练中提高员工灭火能力及各种应急的情况处理能力。

（2）对用户开展消防宣传教育。消防工作仅靠物业公司的努力是不够的，还需要物业区域内全体用户的积极配合。公司必须加强对用户的消防宣传教育工作，积极促使用户学习消防知识，增强防火意识，提高自救能力。对用户来说必须了解并掌握以下三个方面的要求：大楼防火工作的各项规定；手提式灭火器的使用方法；消防应急通道的位置及出现紧急情况时的疏散方法等。

四、消防设施、器材的配备

消防设施、器材是做好消防工作，保证人身财产不受火灾危害的物质技术基础。因此，应在辖区建筑内外，配备必要的消防设施、器材。具体包括：

1. 配备防火建筑工程设施

按照国家建筑工程消防技术标准要求，设计配备防火建筑工程设施，如设计配备建筑防火间距、防火门、防火墙、防烟排烟设施、消防车道、疏散通道、疏散照明设施、疏散指示标志、消防水泵房、消防监控室等，并经公安消防部门验收合格后，投入使用。

2. 配备灭火设备和器材

消防设备、器材是灭火工作的物质基础，包括：

（1）灭火器

灭火器是一种比较方便、容易操作的灭火器材。火灾初起时，完全有可能用灭火器控制火势，因此楼宇内外都要安放一些。常用的灭火器主要有水型灭火器、空气泡沫灭火器、干粉灭火器、卤代烷灭火器、二氧化碳灭火器。

（2）消防栓

消火栓是消防供水的重要设备，它分为室内消火栓和室外消火栓。室内消火栓是建筑物内的一种固定灭火供水设备，它包括消火栓及消火栓箱。室内消火栓和消火栓箱通常设于楼梯间、走廊和室内的墙壁上。箱内有水龙带、水枪并与消火栓出口连接，消火栓则与建筑物内消防给水管线连接。发生火灾时，按开启方向转动手轮，水枪即喷射出水流。室外消火栓与城镇自来水管网相连接，它既可供消防车取水，又可连接水龙带、水枪，直接出水灭火。室外消火栓有地上消火栓和地下消火栓。地上消火栓适用于气候温暖地区，而地下消火栓则适用于气候寒冷地区。

（3）自动灭火系统

自动喷水灭火设备可分为喷雾水冷却设备、喷雾水灭火设备和喷洒水灭火设备。喷雾水冷却设备和喷雾水灭火设备的射流水滴较小，而喷洒水灭火设备的射流水滴较大。自动喷洒水灭火设备主要用于扑救一般固体物质火灾和对设备进行冷却，不适于扑救易燃、可燃液体火灾和气体火灾。自动喷雾水灭火设备可以有效地扑救固体物质火灾，对于汽车库、汽车修理车间、电力变压器、配电室等，都有良好的灭火效果。自动喷雾水灭火设备还可以保护高层建筑的屋顶钢构件。由于喷雾水的粒径小，能在燃烧区内迅速汽化，具有良好的冷却和窒息作用，因而能迅速扑灭各种物质（除遇水燃烧、爆炸物质）的火灾。此外，由于喷雾水的电气绝缘性强，因而能较好地扑救电气设备的火灾。物业服务企业必须做好自动灭火系统的维修和管理工作，以备发生火灾的紧急情况下能够有效发挥作用。

（4）火灾自动报警系统

火灾自动报警系统是用于探测初期火灾并发出警报，以便采取相应措施，如疏散人员、呼叫消防队、启动灭火系统、操作防火门、防火卷帘、防烟排烟机等系统，自动报警系统有三种基本形式：

1）区域报警系统。由火灾探测器、手动火灾报警按钮及区域火灾报警控制器组成，适用于小范围的保护。

2）集中报警系统。由火灾探测器、手动火灾报警按钮、区域火灾报警控制器和集中火灾报警控制器组成，适用于较大范围内多个区域的保护。

3）控制中心报警系统。由火灾探测器，手动火灾报警按钮，区域火灾报警控制器和消防控制设备等组成，适用于大型建筑的保护，系统容量大，能完成较复杂的输出控制程序，消防设施控制功能较全。

五、火灾扑救基本办法

1. 冷却法

开启建筑物内消火栓向燃烧物进行喷水或用各种容器盛水泼向燃烧物，使燃烧物温度降低至燃点以下，达到灭火目的。

2. 窒息法

即用浸透水的海绵被、湿麻袋、砂子等不易燃烧物盖在燃烧物上，阻断氧气灭火。

3. 隔离法

即将火灾现场周围尚未燃烧的可燃物与火源隔离，将其拆除或转移至安全地点，防止火势串联蔓延。

4. 抑制法

即使用各种灭火器具，如泡沫、干粉灭火器中的化学灭火剂灭火，控制火势。

六、火灾火警应急处置程序（见图 5—2—1）

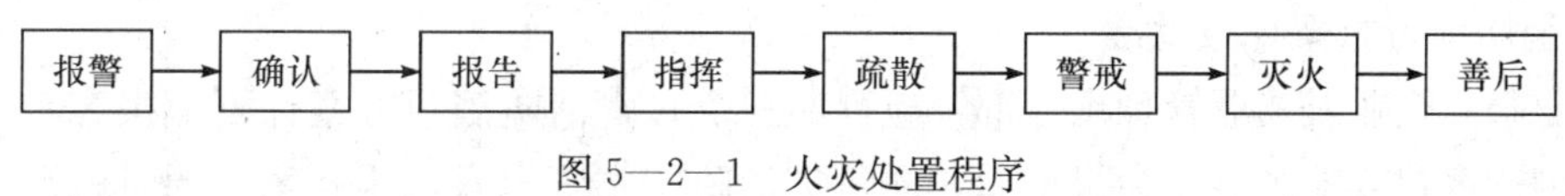

图 5—2—1　火灾处置程序

1. 当自动报警系统显示火警信号或接到火情报告后，消防监控室值班警员应立刻通知相关警员赶到现场观察处置。

2. 相关警员到达现场后，迅速查证报警原因，当确认发生火灾时，立刻报告消防监控室，同时就地用灭火器材灭火，并且随时将火情进展情况报告消防监控室。

3. 消防监控室值班警员，在火情确认后，立刻向公共秩序维护部经理、物业服务企业领导、各部门负责人通报火灾情况，物业服务企业领导等视火灾情况决定迅速向“119”报警。

4. 向消防机关报警时，同时指挥现场、外围配合各灭火小组实施各小组灭火职责。指挥相关灭火小组切断火灾现场电源，关闭空调机组，启动相应消防栓系统、喷淋系统、防排烟系统的设备，打开消防电梯迫降开关，关闭所有客梯，降下防烟卷帘门，保证应急电源设备运行，打开消防广播警铃，疏散客户，引导配合消防机关的灭火工作等。

5. 向消防机关报警时，同时立即进行火灾现场人员疏散、疏导工作，组织人员通过紧急通道、疏散楼梯等迅速撤离到安全区，要逐室检查、核实人员是否全部撤离火灾现场，视火灾现场情况决定物资撤离方案。

6. 维持公共秩序，做好火灾现场维护警戒，保障灭火通道畅通，同时引导协助消防机关的工作。如火灾造成伤亡，应立即联系医疗机构协助抢救伤员。

7. 在消防机关部门没到现场时，物业服务企业的义务消防队员开始灭火工作。主要是利用灭火器、水枪进行灭火，同时启动和关闭相应设备。在消防机关到达现场后，各灭火小组服从消防机关统一领导，按照消防机关统一部署执行。

8. 待火灾扑灭之后，做好相应的善后工作，向公司提交火灾报告，配合消防机关调查、分析着火原因，清理火灾现场，总结分析利用现场实际案例培训教育员工和客户的安全防火知识和意识。

七、消防演习方案实施程序

物业服务企业应根据实际情况，每年组织一至两次消防演习，通过演习，检验所辖物业项目的防火、灭火的综合功能；增强物业服务企业员工和客户的消防安全意识，并提高逃生和自救能力；检验和提高物业服务企业员工灭火、疏散客户、相互协调等组织能力；检验所辖物业服务企业的消防设施设备的运作情况等。所以消防演习意义十分重大，演习过程应注意周密计划，统筹安排，做到按部就班、井井有条。

1. 消防演习方案申报批准

物业服务企业或物业管理项目部，应提前一个月将消防演习方案计划上报客户或业主委员会。待客户或业主委员会批准后，向负责消防的主管警官汇报备案，同时就消防演习方案向主管警官征询意见。

2. 消防演习实施通知

在消防演习实施的前两周，应向所辖物业管理区域的客户发出消防演习通知。在消防演习前两日，应在公共区域张贴告示，进一步提示客户关于消防演习事宜。

3. 消防演习工作内容分工

（1）灭火总指挥负责向消防值班人员或其他相关人员了解火灾的基本情况；命令消防值班人员启动相应消防设备；命令物业服务企业员工根据各自分工迅速各就各位；掌握火场扑救情况，命令火场灭火组采取适当方式灭火；命令抢救组采取相应措施；掌握消防相关系统运行情况，命令配合指挥采取相应措施；协助消防机构查明火因；处理火灾后的有关事宜。

（2）灭火副总指挥负责在灭火总指挥不在场时，履行总指挥的责任；配合协同灭火部总指挥的灭火工作，根据总指挥的意见下达命令。

（3）现场抢救组和抢救运输组负责抢救伤员和物品，本着先救人、后救物的原则，运送伤员到附近的医院进行抢救；运输火场急需的灭火用品。

（4）外围秩序组负责维护好火灾现场外围秩序；指挥疏散客户；保证消防通道畅通；保护好贵重物品。

（5）综合协调组负责等候引导协助消防车；保持火灾现场、外围与指挥中心联络。

（6）现场灭火组负责火灾现场的灭火工作。

（7）现场设备组负责火灾现场的灭火设备、工具正常使用和充足准备。

（8）机电、供水、通信组负责确保应急电供应，切断非消防供电；启动消防泵确保消防应急供水；确保消防电话和消防广播畅通；确保消防电梯正常运行，其他电梯返降一层停止使用，启动排烟送风系统，保持正压送风排烟。

4. 消防演习前培训、宣传

对物业服务企业全体员工进行关于消防演习方案培训，使各灭火小组成员掌握自己所负责的工作范围、运行程序和注意事项。在演习前采用挂图、录像、板报、条幅等形式开展对客户宣传消防安全知识。

5. 消防演习前消防设备、消防器材等准备

在消防演习前一周时间，消防设备、设施、消防器材进入准备状态。检查消防播放设备、电梯设备、供水系统、机电设备的运行状况；准备各种灭火器和消防水龙带等工具；准备通信设备；选定“火场”并准备制造火源用品及预防意外发生的设备和器材；准备抢救设备、工具和用品等。确保所有消防设备、器材处于良好状态，准备齐全。

6. 消防演习准备工作落实情况检查

演习前3天，由灭火总指挥带领相关负责人对消防演习准备工作进行最后综合检查，确保演习顺利进行，避免发生混乱，包括人员配备、责任考核、消防设备器材准备、运输工具以及疏散路径等内容。

7. 消防演习实施

（1）开启消防广播通知客户消防演习开始。反复播放引导客户疏散。

（2）各灭火小组开始行动，按分工计划展开灭火疏散抢救工作。

（3）电梯停到一层，消防梯启动，所有消防设备进入灭火状态。

（4）开始消防灭火模拟演练、物业服务企业员工进行疏散演练、灭火器实喷演练、抛接水龙带演练、救护演习、模拟报警训练等。邀请客户观看或参加实际训练。

（5）演习结束后，用消防广播通知客户消防演习结束，电梯恢复正常，并感谢客户、宾客的参与支持。

8. 消防演习总结

消防演习结束后，要求各灭火小组对演习工作进行总结，要拜访客户或采取其他方式收集客户对消防演习的意见，找出存在的问题，进行讨论确定，改进演习方案和演习组织实施过程中不合理之处。在消防演习过程中要注意以下事项：

（1）消防演习应选择在白天进行，安排在对客户生活工作影响小的时间段，以使更多的客户参加。

（2）消防演习“火场”应选择在相对安全的位置，尽量减小对客户的影响并保证安全。

（3）消防演习时，要避免长时期断电停电，可以象征性地断电数秒钟。

（4）消防演习过程中，采用各种形式做好参加演习客户情况的记录工作，对不理解的客户做好解释工作，做好消防知识宣传、讲解工作，做好参与演习客户的安全保护工作。

八、高层建筑消防的特点和措施

1. 高层建筑消防的特点

（1）火险因素多

高层建筑功能复杂，存在可燃物质和多种火源；高层建筑设备繁多，易引起电器火灾；高层建筑二次装修频繁，采用易燃材料、施工质量等都形成火灾隐患；高层建筑遭受雷击的机会多，有可能因雷击起火。

(2) 火势蔓延快

高层建筑物内有许多通道、竖向井，发生火灾时这些都成为火势蔓延的良好途径。另外，越是在建筑物的高处，风速越大，这也是加速火势蔓延的一个因素。

(3) 疏散困难

高层建筑平时常集中很多的人员；层数多，疏散距离长；发生火灾时普通电梯电源被切断，这些都增加了疏散的困难。

(4) 扑救难度大

高层建筑高达几十米，甚至超过一二百米，一般的地面消防车和登高消防车的能力都难以满足扑救高层建筑火灾的供水需要和登高疏散抢险的要求。

因此，消防管理对于高层建筑有更重要的意义，要有特殊的安全措施。

2. 高层建筑消防管理的主要措施

(1) 防火分隔

消防部门要对高层建筑进行内部分区，设置防火和防烟区域，对电梯井、管道等也要进行分隔。

(2) 做好安全疏散的准备工作

要经常检查楼房公共通道，不要把闲杂物品堆放在楼道内；检查消防供水系统，保证消防用水输送到必要的高度。

(3) 设置自动报警设施

物业管理消防部门要在楼房适宜部位安装固定自动报警和灭火装置。

(4) 设置火灾事故照明和疏散标志

在高层建筑的楼梯间、走道、人员集中场所和发生火灾时必须坚持工作的地方（如配电房、消防控制室等）有事故照明，在人员疏散的走道、楼梯等处设有灯光显示的疏散标志。疏散标志的电源应用蓄电池，其他事故照明也可使用城市电网供电。

思考与练习

1. 简述消防管理的内容有哪些？
2. 目前常用的灭火器材和设备有哪些？
3. 请介绍一下高层建筑的消防特点。
4. 请说出常用的灭火方法。
5. 调研本地区的大型住宅区，了解其物业公司的防火设施的配备情况、火警处理预案，撰写调查报告。
6. 根据学校的实训配置条件，完成灭火器的使用训练。

第3节　车辆管理

车辆是人们生活工作必需的交通工具，随着人民生活水平的提高，车辆在逐年增加。但由于城市规划远远跟不上房地产开发的需要，不少物业没有停车场或停车位严重不足，及物业服务企业管理不善等原因，造成物业区域内车辆乱停乱放，车辆被盗案件、行车事故屡屡发生。根据这些问题，物业企业要做好车辆管理工作。

一、做好停车场的建设

1. 停车场位置的规划

物业服务企业对停车场的规划要因地制宜，既要和物业管理区域相协调，又要符合实际需要，一般来说，要考虑以下几点：

（1）经济实用。建设停车场需要一定的资金，物业服务企业投资建设是希望能回收资金并获得利润。这样，规划时既要考虑建设成本，又要考虑建成后能否充分利用。

（2）因地制宜。因地制宜既是降低成本的一个途径，也是保证停车场和物业区域相协调的一个条件。物业区域的停车场应该成为整个物业协调一致的组成部分，而不能成为有碍观瞻、妨碍交通的一个“毒瘤”。要做到因地制宜，物业服务企业必须对所管物业区域的环境有一个全面的了解，特别对原有停车场有所研究，这样，规划停车场位置时就能避免失误，较好地实现停车场的因地制宜，“依山就势”，使停车场成为物业区域的一景。

2. 停车场的内部要求

由于停车场内的车辆有各种类型，而且各种车辆的比例也不完全一样，因此，停车场就存在一个内部设计问题。

（1）停车场的光度要求

停车场应保持充足光线，便于车主找到车位，清楚识别自己的车辆；便于车管人员对停车场进行有效管理，保证停车场正常运行。实现光线充足，可以利用自然光，也可利用灯光，或将二者结合起来。

（2）停车场的设施要求

为保证停车场内车辆安全，防止被盗，可以于停车场内加设必要的安全防范设备，如电视监控系统，以便车管人员全面监控车场情况；停车场进出口的门禁系统，便于车管人员对进出车辆的控制和收费；还有灭火器、防爆设备等，确保停车场的安全。另外，停车场应设置清晰明确的指示标识，标识设置要覆盖停车场所有存在事故隐患的位置。如进出口标识、行驶路线的标识牌、白线箭头、扶栏、噪声、限高、限速标识，墙柱、墙角的小心提醒标识等。

（3）停车场的区位布置要求

车辆可分为机动车和非机动车。各种类型、规格的车辆如果都存放在一起，显然既不利于车主的存放，也不利于管理人员进行管理。为此，物业服务企业应根据车辆的类型和比例来进行区域的划分。

二、车辆停放场所

1. 地上停车场

地上停车场一般指物业管理区域内地面上的停车场。一些商业楼、写字楼、大型住宅小区都有地上停车场。这种停车方式比较安全。

2. 地下停车库

地下停车库一般设在商业大厦、高层住宅等高层建筑的地下一至四层，造价较高，这种停车方式特别安全。

3. 停车楼

停车楼一般建在城市繁华地区，造价昂贵，适合于社会公共停车使用。

4. 私宅车库

私宅车库是个人购买的居住区里的车库，适合郊区或市内高级低层住宅区。

5. 宅前后道路上

把车停放在宅前后道路上简便可行，但要有适当的管理措施。这种方式不易保证车辆的整洁安全，而且又多占用绿地，因而弊大于利。

三、不同类型物业的车辆管理特点

1. 居住区物业车辆服务管理特点

居住区车辆服务管理主要是车辆停放和车辆保管。居住区的车辆复杂，进出频繁，在管理中要注意扰民问题，停车场尽量设在小区的边缘，以减少车辆进出时间，并保证居住区的安静、清洁。

2. 写字楼物业车辆服务管理特点

写字楼物业车辆服务管理主要是车辆的引导、停位调度。写字楼进入车辆主要集中在上班时间段，应集中力量统一管理，统一调度，尽量对客户车辆采取固定存放方式，对进出车辆进行登记管理，严格控制外来车辆存放。

3. 商业物业车辆服务管理特点

商业物业车辆服务管理主要是停车场的建设和管理。商业物业车辆流动量大，应尽量引导车辆进出方便、快捷，必要时物业服务企业可以拥有自管班车，为顾客提供不定站的服务。

4. 工业物业车辆服务管理特点

工业物业车辆服务管理主要是对货运车辆的管理。针对其运输性质，应对货物装卸做好准备工作，减少货运车辆停放时间；应对夜间运输做好准备工作，如路标、照明设施的养护维修。

四、车辆管理突发事件的处置

1. 偷盗车辆案件的处置

（1）当警员发现有嫌疑人偷盗车辆时，应及时小心地通知公共秩序维护部或监控室，注意不要让嫌疑人发现。

（2）同时，要观察嫌疑人数量、被盗车牌号码、车型、颜色等特征，记下嫌疑人相貌特征、服饰以及是否携带凶器等。

（3）公共秩序维护部接到通知后，立即安排警力控制各出入口，暂时禁止一切车辆通行。同时公共秩序维护部经理带领警员赶赴现场，采取有效措施控制现场。同时通知车辆管理人员协助封堵现场，并要注意安全，注意拦截车辆。

（4）公共秩序维护部经理视案情进展情况，决定是否向公安机关报案，认真对待媒体人员。

（5）如公安人员到达现场，公共秩序维护部全力配合公安人员抓捕嫌疑人，一切行动听从公安人员指挥，为公安人员提供一切相关的证言、证物。同时清楚记录下办案警官官级、编号及报案的编号，以供日后查阅、参考。

（6）公共秩序维护部经理应将案件处置过程和情况以报告形式呈报上级领导。

2. 意外交通事故案件的处置

（1）如发生一般车辆剐蹭事故，可让车主协商自行解决处理，尽快恢复交通。

（2）如发生较大事故，警员或车管人员及时通知公共秩序维护部，公共秩序维护部经理及时赶到现场处理，视情况向交管机关报案。同时为避免意外，要提示过往行人和车辆绕行、回避。

（3）现场如有人员受伤，立即联系当地120急救中心或附近医院机构。积极协助配合抢救伤员，没有受过专业急救培训，不要自行采取抢救措施。

（4）在交管机关人员赶到现场前，注意保护好现场，如发生汽油、机油泄漏应及时采取措施，并于现场禁止烟火；清楚记录车辆资料、司机情况，待事故处理完毕或交管人员命令后，方可清理现场。

（5）意外交通事故如造成设备、设施损坏，应做详细记录，并请肇事司机自愿签字认可。如损坏的设备、设施急需处理，须尽快通知工程部或相关部门和人员进行抢修。

（6）公共秩序维护部经理应将案件处理过程和情况以报告形式呈报上级领导。

案例

××××花园车辆管理策划方案

一、人员配置方案

车辆管理负责人 1 人（秩序维护队长兼）

车辆管理员 3 人（外聘，3 班运作）

车库门岗 3 人（车管员兼）

停车场巡逻人员 4 人（秩序维护队巡逻岗兼）

二、方案实施步骤

针对当前××××花园车辆管理现状，初步设想方案实施步骤如下：

1. 逐步引导，使人们观念开始转变，西门为正门。

2. 将北门和西门进行分化，西门主要进出住户车辆和临时车辆，北门主要进出送货搬家车辆。

3. 与开发商协商地下库辟出约 100 个临时停放车位。

4. 规划临时车位的分布。

5. 公布停车方案和临时车位分布图。

6. 逐步规范路面停车，路面一律不得停车，所有住户车辆一律停入地下库临时停车位，路面临时车位只做临时外来车辆停放用，搬家送货车辆不得滞留小区，所有装修单位，装修工车辆一律不得进入小区。

7. 政府部门报批，依据物价批文实施停车收费。

三、管理制度

单有良好的停车场库，如果没有健全的管理制度，同样不能把车辆管好。健全的管理制度应该包括：门卫管理制度、车辆管理规定等。

1. 车辆管理负责人职责

(1) 依法循章对住宅区、交通、车辆进行管理。

(2) 负责按物价部门收费规定收取车位管理费。

(3) 熟悉掌握住宅区车辆流通情况，车位情况，合理布署安排，优先保证业主使用车位。

(4) 负责监督和落实员工岗位职责，对员工进行日考核，填写《员工日考核表》。

(5) 负责每日工作检查，并填写《车辆管理日检表》。

(6) 负责对外协调与联系，处理车辆管理方面的问题和客户投诉。

(7) 负责对员工进行法制教育和职业道德教育，不断提高服务质量。

(8) 负责对员工进行岗位培训，并做好培训记录。

(9) 定时向管理处主任汇报工作。

2. 车辆管理员的职责及纪律

(1) 车辆管理员的职责

1) 负责对停车场(库)的汽车、摩托车，以及自行车库的自行车管理。

2) 实行 24 h 轮流值班，服从统一安排调度。

3) 按规定着装，佩戴工作牌，对出入车辆按规定和程序指挥放行，并认真填写《车辆出入登记表》。

4) 遵守规章制度，按时上下班，认真做好交接班手续，不擅离职守。

5) 按规定和标准收费，开具发票，及时缴交营业款。

6) 负责指挥区内车辆行驶和停放，维持小区交通、停车秩序。

7) 负责对小区道路和停车场的停放车辆进行巡视查看，保证车辆安全。

8) 负责停车场(库)的消防以及停车场(库)、值班室、岗亭和洗车台的清洁工作。

(2) 车辆管理员的纪律

1) 仪容整洁，遵守《仪容仪表规定》。

2) 执行公司文明礼貌用语规范，讲究文明服务，礼貌待人。

3) 严格遵守《交接班制度》。

4) 值班时禁止喝酒、吸烟、吃东西；不准嬉笑、打闹；不准在值班时会客、看书报、听广播及做其他与值班职责无关的事。

5) 爱护各种器具，不得丢失、损坏、转借或随意携带外出。

6) 依法办事，廉洁奉公，坚持原则，是非分明。

7) 禁止在公司所管物业范围内打麻将；不准借娱乐为名搞变相赌博。

8) 团结互助，禁止闹纠纷；不说脏话，不做不利团结的事。

9) 遵守《员工宿舍管理规定》，不得带人留宿，来客留宿必须经管理处分管主任(或房管员)批准。

3. 门卫管理制度

这里的门卫包括停车场库的门卫和物业区域大门门卫。某些区域，既需保持相对宁静，又需保证行人的安全和环境的整洁，为此，必须控制进入物业区域的车辆，这便是大门门卫的一部分职责。除救护车、消防车、清洁车、小区各业网点送货车等特许车辆外，其他车进入物业区域时都应限制性规定：经过门卫允许后方能驶入。大门门卫要坚持验证制度，对外来车辆要严格检查，验证放行；对从物业区域内外出的车辆也要严格检查，验证放行。对可疑车辆要多观察，对车主要细询问，一旦发现问题，大门门卫要拒绝车辆外出，并报告有关部门处理。

停车场库门卫一般设 1 人，负责登记收费和指挥车辆出入和停放。其职责是：

(1) 严格履行交接班制度。

(2) 对进出车辆做好登记、收费和车况检查记录。

(3) 指挥车辆的进出和停放。

(4) 对违章车辆要及时制止并加以纠正。

(5) 检查停放车辆的车况，发现漏水、漏油等现象要及时通知车主。

(6) 做好停车场岗位周围的清洁卫生。

(7) 停车场库门卫不准私自带亲戚朋友在车库留宿，无关的闲杂人员要劝其离开。

(8) 值班人员不准睡觉、下棋、打扑克或进行其他与执勤无关的事，要勤巡逻，多观察，随时注意进入停车场库的车辆情况及车主的行为，对发现的问题，要及时报告上级部门。

4. 车辆管理员交接班制度

(1) 按时交接班，接班人员应提前10 min到达岗位，在接班人员未到达前，当班人员不能离岗。

(2) 接班时，要详细了解上一班车辆出入和停放情况以及本班应注意事项。

(3) 向下一班移交值班记录和《车辆出入登记表》。

(4) 交接班时应将上一班移交值班物品如对讲机等其他设备清点清楚，并在值班记录上签名。

5. 值班室（岗亭）管理规定

(1) 值班室（岗亭）应用镜框悬挂车辆管理制度（主要为岗位制度、操作规程和停车场管理规定）、收费标准、营业执照、保管员姓名和照片等。

(2) 值班室内设一套完好的单人办公桌椅作记录使用，不准放长椅和床，不准闲杂人员进入，岗亭外不准摆放凳椅。

(3) 在值班室外适当位置（室内也可）配置一块800 mm×600 mm的白写字板出通知用。停车场、固定值班室，根据车辆停放数量制作一个悬挂准停证、停车牌等用的标牌框。

(4) 值班室（岗亭）内不准存放杂物，随时保持室内外清洁。

(5) 值班室（岗亭）“值班记录”“车辆出入登记表”放在固定位置，且应摆放整齐。

(6) 值班室（岗亭）不准作其他使用。

6. 停车场管理规定

管理处负责业主（住户）的车辆管理，小区车辆行驶停放。管理处主任负责协调指导停车场（库）的管理工作。车辆管理负责人监督、检查车辆管理工作。车管员负责车辆的存放、保管、放行等具体管理。

(1) 对进入停车场车辆的管理规定

1) 进入停车场的车辆须具备一切有效证件，包括行驶证或待办理证明、保险单等，车辆号牌应与行驶证相符，待办车辆应与待办证明相符。

2）进入停车场的司机，须按进出场各种程序办理停车手续，并按指定的车位停放。

3）车辆停放后，司机须配合车管员做好车辆的检查记录，并锁好车门窗，带走贵重物品，车管员没有帮司机保管物品的义务。

4）进场车辆严禁在场内加油、修车、试刹车，禁止任何人在场内学习驾驶车辆。

5）进场车辆和司机要保持场内清洁，禁止在场内乱丢垃圾与弃置废杂物，禁止在场内吸烟。

6）进场司机必须遵守安全防火规定，严禁载有易燃、易爆、剧毒等危险品的车辆进入停车场。

7）禁止超过停车场限高规定的车辆、集装箱车以及漏油、漏水等病车进入停车场。

8）进场车辆如不服从车管员指挥造成本身车辆受损时，后果自负。

（2）小区交通车辆行驶停放管理规定

1）遵守交通管理规定，爱护小区的道路、共用设施，不乱停放车辆。

2）车辆不准在小区内长期停放，临时停放按政府物价批文规定的收费标准收费。

3）小区内车辆行驶停放服从管理人员指挥，注意前后左右车辆安全，在指定位置停放。

4）停放好车辆后，必须锁好车门，调好防盗系统至警备状态，车内贵重物品须随身带走。

5）机动车辆在本区行驶，时速不得超过 10 km/h，严禁超车。

6）机动车辆在小区内禁止鸣号。

7）不准在小区任何场所试车、修车、练车。

8）不准辗压绿化草地，损坏路牌和各类标识，不准损坏路面及共用设施。

9）不准在人行道、车行道、消防通道上停放车辆，机动车辆只能在停车场（库）停放。非机动车必须停放在自行车棚或保管站。

10）除执行任务的车辆（消防车、警车、救护车）外，其他车辆一律按本规定执行。

（3）停车场（库）管理规定

1）停车场（库）必须有专职保管人员 24h 值班，建立健全各项管理制度和岗位职责，管理制度、岗位责任人姓名和照片、保管站负责人、营业执照、收费标准悬挂在停车场（库）的出入口明显位置。

2）停车场（库）内按消防要求设置消防栓，配备灭火器，由管理处消防负责人定期检查，由车管员负责管理使用。

3）在停车场（库）和小区车行道路须做好行车线、停车位（分固定和临时）、禁停、转弯、减速、消防通道等标识，并在主要车行道转弯处安装凸面镜。

4）在停车场（库）出入口处设置垃圾桶（箱），在小区必要位置设路障和防护栏。

5）机动车进场（库）时应服从车管员指挥，遵守停车场（库）管理规定，履行机动车进出车场（库）有关手续，按规定缴纳泊位费。

6）集装箱车、2.5 t以上的货车（搬家车除外）、40座位以上的客车、拖拉机、工程车，以及运载易燃、易爆、有毒等危险物品的车辆不准进入小区。

7）不损坏停车场（库）消防、通信、电器、供水等场地设施。

8）保持场（库）内清洁，不得将车上的杂物和垃圾丢在地上，有漏油、漏水时，车主应立即处理。

9）禁止在停车场（库）内洗车（固定洗车台除外）、修车、试车、练车。

7. 停车卡的办理和使用规定

(1) 停车卡的办理

停车场车辆一般分包月（包年）和临时两种方式，包月（包年）车辆按月（年）收费，临时车辆则计时收费。用户若要办理包月（包年），可带齐证件或证明到物业中心财务处办理。物业中心财务在收取当月（年）应缴纳的车位租金及管理费后，发停车卡及电子出入卡给用户，并收取电子出入卡押金。

(2) 停车卡的使用

车辆出入停车场时，要将停车卡放在车辆风窗玻璃左侧，电子出入卡随身携带，以便检查和车辆出入。用户如更换车辆，需到停车场办理停车卡更换手续。包月（包年）车辆要按月（年）定期缴纳管理费。

管理费逾期不缴者，停车场有权收回车位使用权。若用户遗失停车卡，应及时告知车管员，并提供有效证明，到收费处办理旧卡停止使用和新卡补办手续。用户不再租用车位时，将停车卡交回停车场，由停车场退回电子出入卡押金。

用户停车卡禁止外借给其他车辆使用。为保证车辆的停放安全，减少被盗的机会，停车卡应随身携带。

(3) 车辆管理收费的标准

车辆保管收费的标准要根据各地物价部门核定的标准执行。一般来讲，经济较发达的地区，收费标准较高；反之收费标准低些。具体的收费标准由物业服务企业根据政府规定的指导价，并参考周围室内停车场的收费标准来确定，同时可以在市政府规定的收费标准限度内临时调整管理费。

8. 对讲机使用管理规定

(1) 仅值班员和车辆巡逻管理员每人配一部对讲机，另配一个备用充电池和一个充电器。

(2) 对讲机在更换充电池时，必须先关掉电源和主机上的开关，保护和延长机身使用寿命。

(3) 电池不准经常更换，必须按规定时间（8～10 h）轮换使用。

(4) 不准用对讲机谈论与本职工作无关的事情。

(5) 认真做好对讲机交接工作，以防出问题时互相推卸责任。

(6) 遵守“谁使用，谁保管；谁损坏，谁负责”的原则。

9. 车辆管理员仪容仪表规定

(1) 着装规定

1) 统一按当地机动车保管场保管员的着装规定着装，要求举止文明、大方、端庄，精神抖擞。

2) 制服统一，穿黑色皮鞋，佩戴员工证，服装整齐、干净、笔挺。

3) 不得佩戴饰物，口袋内不宜装过多物品，制服外不得显露有个人物品。

4) 禁止披衣、敞怀、挽袖、卷裤腿、戴歪帽、穿拖鞋或赤脚。

(2) 形象规定

1) 经常注意检查和保持仪表整洁。

2) 不准留长发、蓄胡子、留长指甲，蓄发不得露于帽檐外，帽檐下发长不得超过1.5 cm，胡须要天天刮，不留长鬓角，鬓发长不超过耳屏，指甲不得超过1 mm，鼻毛不得长出鼻孔。

3) 精神振作，姿态良好，抬头挺胸，不得弯腰驼背，不得东倒西歪、前倾后靠，不得伸懒腰，不袖手、背手、叉腰或将手插入衣袋，不准边执勤边吸烟、吃零食，不搭肩挽臂，做到站如松、坐如钟、动如风。

4) 不得哼歌曲、吹口哨、听收录机、看书报。

5) 不得随地吐痰，乱丢杂物。

6) 不挖耳、抠鼻孔，不得敲桌椅、跺脚或玩弄其他物品。

7) 做到“微笑服务”，对待车主、业主（住户）友善、热诚，严格遵守公司规定的文明礼貌服务用语。

8) 上岗前，必须对照整容镜整容，检查衣、帽、领带、鞋带及装备是否穿戴整齐、规范，班组长、车管负责人在场应检查或予以纠正。

10. 住宅区停车泊位管理规定

根据国务院《物业管理条例》《浙江省物业管理条例》杭州市《关于加强住宅小区机动车管理意见》等有关法规、政策，按照《前期物业管理服务合同》《管理规约》或《临时管理规约》等有关约定，为加强小区车辆管理，规范小区车辆行驶停放，合理有效地利用泊位资源，形成小区良好的交通秩序，确保行人、车辆安全，维护全体业主的合法利益。特制定本公司物业管理区域住宅小区机动车行使及停车泊位管理办法：

(1) 机动车进出小区大门时，需凭证通行（特种车辆，为小区物业管理服务的工作、工程车辆除外)。进出小区都应限速在5 km/h以内，减速慢行，礼让行人；值勤保安员验证放行（必要时逐辆登记核查），移动通报，维持交通秩序。业主应将车辆停放相应确定的泊位上，外来车辆应服从公共秩序维护员的指挥停放在指定泊位上。车主应自行妥善保管车辆物品。

(2) 拥有机动车的业主应自觉向车库（位）产权人购买、租用车库位，在向本小区物业管理处交纳车库（位）物业管理服务费后，领取《机动车泊位证》、IC卡；驾驶机动车出入小区大门时，应将《机动车泊位证》放置在前风窗玻璃右下角，刷IC卡进出小区。

(3) 专供业主（使用人）机动车使用的《机动车泊位证》和IC卡发放对象为已有自备车库（位）的、已租赁车库（位）的、已租用公共泊位的，并已按约定及时缴纳物业管理服务费的业主（使用人）车辆，实行一库（位）一车一卡的管理办法。

(4) 外来车辆临时进入小区时，需说明事由，在征得物业管理人员、被访住户同意后，凭驾照或其他有效证件换取《临时泊位证》，并由管理处工作人员刷卡放行，按指定路线行使和泊位停放。

四、收费标准及费用使用管理

1. 外来车辆进入小区实行计时收费有偿服务。外来车辆离开小区时，须按停车记录时间，按《前期物业管理服务合同》约定的收费标准：公共泊位临时泊车1～4 h以内收取泊位有偿服务费4元/辆，泊车过夜收取泊位有偿服务费6元/辆；如在车库（位）临时泊车，按产权人的委托要求管理及收取相关费用。

2. 利用小区道路等资源设置的公共泊位属全体业主所有，应实行有偿使用的原则。公共泊位使用权按月租赁，收费标准为每个泊位每月100元（以《前期物业管理服务合同》约定的标准，各小区可根据车辆、车位拥有情况及业主委员会决议调整确定泊位包月收费标准）。

3. 公共泊位的有偿服务收益，按《物业管理条例》等有关规定，用于该小区的设施设备的维修更新，归全体业主共同拥有（建议单独建账，存入银行指定专户，由业主委员会掌管，30%用于车位管理，70%用于小区公共设施的修理，使用方法等同于物业维修资金，即由物业提出预算报告，经业主委员会同意后实施，每半年进行一次收支账目公示）。

五、公共泊位租用及管理

1. 公共泊位设置，应按业主委员会的意见，按《前期物业管理服务合同》的约定，公共泊位使用权的租赁应体现公开、公正、公平的原则，实行公开招租，租期以季为单位，最长不超过一年（已租用使用一季度以上，确有正当理由需要退租的，可书面向管理处提出，经核实后予以退还剩余租金），期满后重新公开招租，已确定租用人的车位，可由物业管理处在该租赁泊位上设置标识牌号明示使用人。各小区可根据小区的实际情况和业主委员会的意见，在车辆多于车位时，采用先到先停，不固定车位的方式，以提高泊位利用率。

2. 公共泊位按照业主（使用人）优先的原则，除外来车辆临时停车外，不得将泊位出租给小区业主（使用人）以外的他人和单位。

六、车库（位）的管理

地下车库（位）的所有权属于产权人，收益归产权人。业主需使用车库（位）时，应向产权人购买或租用，并按已获得使用权车库（位）的数量及时到本小区物业管理处办理《机动车泊位证》，领取IC卡，并按约定及时缴纳车库（位）物业管理服务费。

七、其他有关车辆管理事项

1. 对凡需在小区内泊车，但没有公共泊位使用权的、没有车库（位）使用权的机动车（需临时出入小区的特种车辆，为小区物业管理服务的工作、工程车辆除外），按外来车辆收费标准计时收取泊位有偿服务费。

2. 对于没有按约定及时交纳公共泊位租赁费、车库（位）物业管理服务费用的车辆，本物业服务企业有权拒绝其进入。

3. 对违反本《住宅小区机动车行使停放及泊位管理办法》，不按位停放，影响小区道路畅通或公共安全的机动车，小区物业管理处将按照杭州市“关于加强住宅小区机动车管理意见”，对劝阻无效的车辆报告请求小区业主委员会、交通警察进行依法处理，由此产生的一切费用及后果由该机动车主承担。

4. 凡在住宅小区内发生交通事故，当事人应当及时报警，也可按国家《交通法》等有关法律法规自行协商处理，小区物业管理处可帮助当事人协商处理。

5. 本管理办法所指，仅负责车库（位）、公共泊位的租赁服务及泊位清洁、相关设备设施维修等物业服务，按有关法规规定不承担车辆及车内物品的保管责任，请车主妥善保管自己的车辆及车内物品。

6. 本物业服务企业各管理处可根据各小区实际情况对本管理办法进行修订。

思考与练习

1. 不同类型物业车辆的管理特点有哪些？

2. 停车场建设时对内部的要求有哪些？

3. 请简要叙述物业管理区域内发生意外交通事故案件的处理程序。

4. 请说出居住区道路设计原则。

5. ××××花园位于杭州市滨江区政府西南，建筑面积约29万 m^2，占地面积140余亩，共有住户1 494户，小区内有双车环形车道。项目配套地下停车库一个，共规划车辆停车位1 216个，车库设进出口共4个，路面临时停车位21个，小区设南、西、北大门 3 个，南门为行人大门，北门、西门可进车辆，西门为车辆进出主门，主要进出小区住户车辆，北门为辅门，主要进出外来车辆以及运货，其中西门车库进出口在小区西门南侧位于小区外围，其他进出口均在小区内。请根据该小区的状况，设计一套车辆管理方案。

第六章　物业服务费管理

第1节　物业服务费的测算

一、物业服务费的构成

物业管理是指业主通过选聘物业服务企业，由业主和物业服务企业按照物业服务合同约定，对房屋及配套的设施设备和相关场地进行维修、养护、管理，维护物业管理区域内的环境卫生和相关秩序的活动。

物业服务收费是指物业服务企业按照物业服务合同的约定，对房屋及配套的设施设备和相关场地进行维修、养护、管理，维护相关区域内的环境卫生和秩序，向业主所收取的费用。

物业服务成本或者物业服务支出的构成一般包括：管理服务人员的工资、社会保险和按规定提取的福利费等；物业共用部位、共用设施设备的日常运行、维护费用；物业管理区域清洁卫生费用；物业管理区域绿化养护费用；物业管理区域秩序维护费用；办公费用；物业服务企业固定资产折旧；物业共用部位、共用设施设备及公众责任保险费用；经业主同意的其他费用。

物业共用部位、共用设施设备的大修、中修和更新、改造费用，应当通过专项维修资金予以列支，不得计入物业服务支出或者物业服务成本。

二、物业服务费的定价形式及收费形式

1. 物业服务费的定价形式

《物业服务收费管理办法》规定，物业服务费采取两种定价形式，一种是政府指导价，一种是市场调节价。

（1）政府指导价

价格主管部门会同房地产行政主管部门根据物业管理服务等级标准等因素，制定相应的基准价及其浮动幅度，并定期公布。具体收费标准在物业服务合同中约定。物业服务收费实行政府指导价的具体方式是：由房地产行政主管部门根据物业服务的实际情况和管理要求，制定物业服务的等级标准，然后由有定价权限的价格主管部门会同房地产行政主管部门，测算出各个等级标准的物业服务基准价格及其浮动幅度，结合物业项目的服务等级

标准和调整因素，在物业服务合同中约定。

（2）市场调节价

实行市场调节价的服务收费，是由业主与物业服务企业按照市场原则自由协商价格并在物业服务合同中约定，政府不予干预。

通常情况下，高等公寓、别墅和非住宅的物业服务费采取市场调节价，相关主管部门只做登记，而普通住宅的物业服务费实行政府指导价。

根据《物业服务收费管理办法》，自 2004 年 1 月 1 日起，物业服务费取消政府定价。

2. 物业服务费的计费形式

业主和物业服务企业根据《物业服务收费管理办法》规定可以采取包干制或酬金制形式约定物业服务费。

（1）包干制

业主向物业服务企业支付固定的物业服务费用，在补偿物业服务成本后，盈余或亏损均由物业服务企业享有或者承担的计费形式。实行包干制的，物业服务费的构成包括物业服务成本、法定税费、物业服务企业的利润。包干制的特点主要有：

1）费用总额和费用率固定。在物业服务合同中约定的期限内，费用总额和费用率是固定的，不论业主或物业服务企业都不得随意变更服务费收费标准。

2）对物业服务企业的激励性弱。有人认为，采取包干制收费方式，物业服务企业的服务项目越多、服务质量越好，盈利就越少。

3）物业服务企业财务收支的透明度低。《城市住宅小区物业管理服务收费暂行办法》（1996 年 3 月 1 日）规定："物业管理服务收费实行明码标价，收费项目和标准及收费办法应在经营场所或收费地点公布。物业服务企业应当定期（一般为 6 个月）向住户公布收费的收入和支出账目，公布物业管理年度计划和小区管理的重大措施，接受小区管理委员会或物业产权人、使用人的监督。"

（2）酬金制（佣金制）

在预收的物业服务资金中按约定比例或者约定数额提取酬金支付给物业服务企业，其余全部用于物业服务合同约定的支出，结余或者不足均由业主享有或者承担的物业服务计费方式。一般来说，以物业主营年度收入（管理费、租金、房屋空置费等）的 5%～25% 作为管理酬金，具体数字要在投标书或委托合同中注明。

酬金制物业服务费用的构成包括物业服务支出、物业服务企业的酬金（包括物业服务企业利润和税金）。酬金制的特点主要有：

1）所有权归业主。预收的物业服务资金属于代管性质，为所交纳的业主所有，物业服务企业不得将其用于物业服务合同约定以外的支出。

2）透明度高、业主监督性强。国务院《物业管理条例》规定："物业服务企业应当向业主大会或者全体业主公布物业服务资金年度预决算并每年不少于一次公布物业服务资金的收支情况。""业主或者业主大会对公布的物业服务资金年度预决算和物业服务资金的收支情况提出质询时，物业服务企业应当及时答复。""物业服务企业或者业主大会可以按照物业服务合同约定聘请专业机构对物业服务资金年度预决算和物业服务资金的收支情况进行审计。”

在国际上，酬金制是普遍采用的物业服务费计费方式。

三、物业服务费测算的原则

1. 成本核算原则

物业服务企业提供的是对物业和附属设施的管理，以及对业主和使用人的服务。与此相对应，物业管理的成本就是提供这些管理服务所必需的开支，包括人员工资、办公经费以及维修养护和更新设备所必需的资金。所以，业主或使用人该出多少钱才算合理、所收的物业服务费该支付于哪些方面等诸多细节问题，就只能通过对所管理物业进行合理剖析，对所管理服务的内容全方位进行科学的成本核算才能得出。

2. 折旧补偿原则

折旧是固定资产的补偿方式，即按照固定资产价值转移程度而为它的更新提取准备金的经济行为。这种补偿是由固定资产的使用价值的长期性和资本价值的逐步转移的特点决定的。

现代物业，尤其是高层建筑、智能建筑，其附属设施、设备越来越多，越来越复杂，所面临的主要问题是一栋大厦不论是由一个业主，还是由众多业主共有，其所属物业产权价值的表现形式一般都只是物业面积，它虽然包括了附属设备的产权价值份额，但不具有附属设备的实物，设备实物一般都交由物业服务企业统一管理，成为代业主管理的固定资产。所以，对于它的折旧补偿的储备金（包括大修理基金）就必然要由业主按照所确定的每平方米固定资产折旧率按期计算，分类纳入物业管理费，交由物业服务企业管理并按法定程序使用。

3. 保本微利原则

在我国物业管理发展过程中，对于物业服务费用的确定和管理有过“收支平衡、略有节余”的原则，它在物业管理发展的初期是为防止物业服务费制度中的混乱和无序，引导消费者适应新型的物业管理模式确实起到了一定的作用，但随着物业管理的不断发展，这个原则的不完全性就暴露出来了。首先，收支平衡只能说明对管理过程中当年支出的短期费用的平衡，而理解不出来对于发生在三五年后，甚至十年二十年后的大修理和更新改造的需要。其次，“略有节余”的概念也不能体现出市场经营的特性。中国的物业管理是伴随着市场经济体制的建设而发展起来的，作为经营性企业的物业服务企业，其利润的产生是必然的。因此，以保本微利作为编制物业服务费的原则来取而代之原有的原则，就应该是顺理成章的了。

4. 分级管理原则

作为高附加值的不动产，物业本身有其地理位置、建造水准、管理水平以及升值潜力等多种动因，存在一定的可变性，这个可变性就自然使物业出现了档次之分。如果成本核

第六章

算只测算了物化成本和活劳动成本，而不考虑其他因素，就必然使管理费标准的准确性受到影响，甚至影响到物业价值的体现。但若考虑得过多，又失去了成本核算的意义，容易使业主负担过重和不恰当刺激物业的盲目增值。根据不动产具有的市场价值规律，照顾优良物业真正体现价值，完善成本核算的合理性。可在物化和活劳动成本核算的基础上，依据物业类别和管理公司资质等级确定若干个等级的加权系数指标，以物化成本、活劳动成本加上物业等级和管理公司资质等级等因素合理权重，得出比较合理的全成本服务费结果。

5. 商业特性原则

现代物业中存在着一部分与主体功能完全不同的纯商业用房，比如高层建筑的商业裙楼，住宅小区的连廊、铺面等，对这部分物业的服务费定价，如果同主体房屋同样标准就不合理了。因为一方面它的使用功能是直接牟利的，本身就存在着商品交换的特性，另一方面这部分物业本身具有结构复杂和对附属设备的使用量大且难以分割的特点；再者，这部分物业还存在人员流量大、管理难度大、房屋设备磨损程度高等显见又难以量化的复杂因素。所以对这部分服务费的定价，可用市场机制和价值规律来调节，即在主体房屋管理费核算标准的基础上，根据各物业主体功能和商业用房的实际用途分别确定适当的权重比例，从而得出较为合理的附属商业用房的服务费标准。

四、物业服务费测算的因素、依据和方法

1. 物业服务费测算的影响因素

物业服务费测算时应考虑以下因素：

（1）不同物业的性质和特点，根据相关规定，其实行的是政府指导价还是市场调节价。

（2）物业服务的项目、内容和要求，根据相关规定，确定其等级，并科学测算确定物业服务成本。

（3）物业服务企业为该项目投入的固定资产折旧和物业服务项目机构用物业服务费购置的固定资产折旧。

（4）在确保物业正常运行维护和管理的前提下，确定合理的利润，是物业服务企业可持续发展的基础。

2. 物业服务费测算的编制依据

物业服务费用通常是根据收费标准（单位时间单位面积费率）和可收费的管理服务面积和管理服务时间计算。收费标准或支出的测算编制依据为：物业服务计划及实施计划所需的物业服务成本、物业正常维修和养护计划及其执行所需的成本。

物业服务成本根据常规性公共服务中的人员计划、物品使用计划、能源消耗计划、工程维护保养计划、清洁保洁与绿化保养计划等的实施所需的人工成本、物料成本、能耗成本、外包费用等进行测算。

物业正常维修和养护所需成本可比对以往每年实际发生的或参考其他同类物业的物业服务成本。

3. 物业服务费测算的方法

（1）人工费的测算

该项成本是指物业服务企业的人员费用，包括管理服务人员的工资、社会保险、按规定提取的福利费以及加班费和服装费等。

1）基本工资（元/月）：可根据当地公布的水平以及物业服务企业性质、效益、工作岗位等因素确定。

2）福利费（元/月）：主要包括社会保险费、教育经费、工会基金、福利基金。

3）服装费（元/月）：服装标准（企业根据管理服务需要确定）×每人每年2套/12月。

4）加班费（元/月）：通常按照人均月加班2天计算，即基本工资/22个工作日×2天。

5）工服洗涤费（元/月）：工服数量×当地的洗涤费标准。

（2）秩序维护费测算

秩序维护费是指维持物业公共区域秩序的费用，包括秩序维护系统费、秩序维护人员人身保险费以及秩序维护用房和秩序维护人员住房租金。

1）秩序维护系统费（元/月）。包括秩序维护系统月日常运行电费及维修保养费：秩序维护系统月用电量×电费单价＋月日常维修养护费；月日常秩序维护器材费即日常秩序维护警棍、对讲机、电池和电筒等购置费的月摊费；月更新储备金：秩序维护系统购置费与安装费之和/秩序维护系统正常使用年限/12月三项。

2）秩序维护人员人身保险费（元/月）。企业根据相关规定及企业实际情况确定费用标准×秩序维护数量。

3）秩序维护用房和秩序维护人员住房租金（元/月）。秩序维护用房数量×当地同类用房月租金＋保安人员租房数量×当地居住用房月租金。

根据实际情况，分别计算上述每项费用，加总后即为秩序维护费，最后均摊到每平方米。

（3）清洁卫生费测算

清洁卫生费是指物业区域内共用部位、公共区域的日常清洁保养费用。包括清洁工具购置费（元/月）：月均垃圾桶、拖把、垃圾袋、卫生防疫消毒品等的购置费；劳保用品费（元/月）：包括月均手套、雨鞋、雨衣、帽子等购置费；清洁机械材料费（元/月）：包括月均大楼幕墙清洁设备、打蜡抛光机的折旧、消耗材料等费用；化粪池清理费（元/月）；垃圾清运费（元/月）；水池清洁费（元/月）等。

上述各项费用可按实际情况和以往年份的经验和同行业的测算标准估算出月支出，然后汇总，最后均摊到每平方米。

（4）绿化养护费测算

绿化养护费是指物业区域内绿化的养护费用，包括美化大堂、道路等公共部位的支出等。应测算的项目有：绿化工具费（元/月）：包括月均锄头、草剪、枝剪、喷雾器等的购置费；劳保用品费（元/月）：包括月均手套、口罩、草帽等的购置费用；绿化用水费（元/月）；农药化肥费（元/月）；杂草清运费（元/月）；园林景观再造费（元/月）：包括补苗、环境内摆设花卉等的费用。

上述各项费用可按实际情况和以往年份的经验以及同行业的测算标准估算出月支出，然后汇总，最后均摊到每平方米。

（5）保险费测算

保险费主要是指物业共用部位、共用设施设备及公众责任保险费开支，不包括员工保险费。

物业服务企业在选择保险险种时要根据物业的类型和使用性质及业主的意愿和承受能力来决定。通常情况，公寓、别墅区只对其配套的水电设施投保，写字楼、商厦、酒店等须投购大厦财产险（包括土建、装修和设备，如酒店中央空调等），一般是按照楼宇或设备的总造价来投保。对于商厦、酒店，还要投购公共责任险，如电梯责任保险。

上述各项费用可按实际情况和以往年份的经验以及同行业的测算标准估算出月支出，然后汇总，最后均摊到每平方米。

（6）共用部位与共用设施设备的日常运行和维护费测算

该项费用在物业服务成本中通常都占有较大比例，而且其中的具体项目也比较多。主要包括维修保养费（元/月），该项费用主要用于核算物业内外部的总体维修保养费用支出，具体内容包括建筑物立面的清洗、电梯维修与养护、锅炉检查与维修、空调维修保养、小型手动工具和防火设备购置等支出；装修费（元/月），一般包括装修材料费（如墙纸、涂料等）、工器具和设备使用费（摊销）、人工费、管理费和承包商利润（如果发包）；能源消耗费（元/月），即物业经营活动消耗的能源成本；康乐设施费（元/月），主要有健身设施、游泳池和其他康乐设施的维修、保养费支出（有时救生员、器械使用指导员和其他康乐服务人员的工资也属于此项的开支范围）；杂项费（元/月），该项费用是指为保持物业正常运转而需要支出的非经常性的、零星的费用项目（如停车位画线、配钥匙、修理或重新油漆建筑物内外的有关标志或符号等）的费用支出。

上述各项费用一般按年度进行预算，汇总后再分摊到每月每平方米。

（7）固定资产折旧费测算

该项费用是指物业服务企业拥有的各类固定资产按其总额每月分摊提取的折旧费用，主要包括交通工具（汽车）、通信设备（电话机、手机、传真机等）、办公设备（桌椅、沙发、计算机、复印机、空调机等）、工程维修设备（管道疏通机、电焊机等）和其他设备。

按实际拥有的上述各类固定资产总额进行折旧，再分摊到每月每平方米。

（8）办公费测算

办公费是指物业服务企业开展正常工作所需要的有关费用，包括交通费（元/月），如车辆耗油、维修养护费、保险费、养路费等；通信费（元/月），如电话费、传真费、手机费等；低值易耗文件、办公用品费（元/月），如文具（如笔墨）、纸张、打印复印等；书报费（元/月），如报纸、杂志等费用；宣传广告和市场推广费（元/月），如该项费用取决于物业的空置水平、新旧程度以及市场的供求状况等；法律费用（元/月），如催收拖欠租金而诉诸法律的费用、预估房产税的支出、定期检讨法律文件（如租约、合同等）费用支出等，律师费是该项下的经常费用；节日装饰费（元/月），如元旦、春节、国庆等节日进行物业装饰费用；办公用房租金（元/月）。

上述各项费用一般按年度进行预算，汇总后再分摊到每月每平方米。

（9）法定税费

物业服务企业应缴纳的税费主要有：营业税，一般按公司营业收入的5%征收，测算时可以按照上述各项之和为基准，再分摊到每月每平方米；教育费附加，按营业税的3%测算；城市维护建设税，通常按营业税的7%测算。

两税一费合计为营业收入的5.5%，测算可按照上述各项之和的5.5%计算。

（10）税后利润

物业服务企业根据物业项目的情况和管理服务情况及行业内的经验决定测算。

将上述各项汇总即为物业服务费。

案例

某小区于20世纪90年代末竣工，为六层普通住宅小区。由A物业服务公司对小区实行统一、专业的物业管理。该小区技术经济指标及其他情况见表6—1—1、表6—1—2、表6—1—3。请测算该小区物业费。

表6—1—1　小区技术经济指标

总占地面积	17.20万m^2
总建筑面积（含地下） 其中：地上建筑面积 地下建筑面积	21.05万m^2 20.64万m^2 0.41万m^2
总人口	0.92万人
总户数	2 615户
容积率	1.2
绿地率	42.5%

表6—1—2　小区用地规划

项目	占地（万m^2）	所占比例（%）
住宅用地	10.50	61.0
公建用地	2.98	17.3
道路用地	1.62	9.4
集中绿地	2.12	12.3
合计	17.20	100

小区地上建筑面积20.64万m^2，其中配套公共建筑面积2.84万m^2，（其功能分配

见表6—1—3)。住宅建筑面积17.80万m^2,其中高层(18层)3栋,3.20万m^2,多层(6层)36栋14.60万m^2。

表6—1—3 小区建筑面积分配

项目		建筑面积(m^2)	用地面积(m^2)
教育	托儿所	1 500	1 600
	幼儿园	3 200	2 400
医疗卫生	门诊所	200	300
文化体育	文化活动站	240	360
	活动中心	1 500	1 200
商业服务	粮油站	260	340
	菜市场	3 800	2 160
	食品店	860	880
	小超市	570	350
	饭店	980	560
	百货商店	2 460	1 600
	书店	450	560
	综合修理部	850	380
	集贸市场	1 690	2 480
金融邮电	储蓄所	120	110
	邮电所	1 850	1 200
市政公用	锅炉房	1 800	7 200
	变电室	180	290
	开闭所	230	370
	煤气调压站	56	130
行政管理	居委会	340	110
	区综合管理	370	560
出租商业		2 454	2 110
健身中心		2 440	2 550

分析该小区经济技术数据及其他情况,根据当时有关物业服务费的有关政策测算该小区物业服务费用。具体过程如下:

一、管理、服务人员的工资和按规定提取的福利费

(1)人员编制和基本工资标准(见表6—1—4)

第六章

表 6—1—4 人员编制和基本工资标准

序号	项目	人数（人）	工资标准（元/月）	总额（元/月）
一	管理人员	10		8 600
1	总经理	1	1 200	1 200
2	副总经理	2	1 000	2 000
3	部门经理	4	800	3 200
4	文秘	1	800	800
5	财务	2	700	1 400
二	维修人员	8	600	4 800
三	绿化工	14	400	5 600
四	保洁工	14	400	5 600
五	保安员	28	500	14 000
六	车管员	8	400	3 200
七	其他人员	5	500	2 500
八	合计	87		44 300

注：1. 部门经理 4 人分别负责维修、绿化与保洁、保安与车辆管理、小区公共事务。

2. 按 5 000 m^2 绿化面积设置绿化工 1 人，小区绿化面积 7.31 m^2，设置绿化工 14 人。

（2）费用测算（见表 6—1—5）

表 6—1—5 人员费用的测算

序号	项目	金额（万元/月）	依据	测算结果
一	基本工资	4.43	表 6—1—4	
二	福利费	2.193	工资总额 49.5%	
	其中福利基金	0.620	工资总额 14%	
	工会经费	0.089	工资总额 2%	
	教育经费	0.066	工资总额 1.5%	
	社会保险	1.418	注 1	
三	加班费	0.403	人均月加班 2 天	
四	服装费	0.363	注 2	
五	合计	7.389		0.358（元/月·m^2）

注：1. 按当时政策测算。

2. 服装费按平均 500 元/人·年计算，87×500/12=0.363 万元。

二、公共设施、设备日常运行、维修及保养费的测算

采用总体匡算思路进行测算。住宅建造成本按 1 000 元/m^2 计算，公共设施、设备建造成本统一按 15%计提，折旧年限按 25 年计算，维修保养费按月折旧费的 40%计提。

第六章

维修保养费＝［（1 000 元/m^2×15%）/（25 年×12 月）］×40%＝0.200 元/月·m^2

三、绿化管理费的测算（见表 6—1—6）

表 6—1—6　　绿化管理费的测算

序号	项目	测算依据	金额（万元）	测算结果
1	绿化工具费	200 元/人·年	0.28	
2	劳保用品费	100 元/人·年	0.14	
3	绿化用水费	2 吨/m^2×0.5	7.31	
4	农药化肥费	0.30 元/人·年	2.193	
5	杂草清运费	注	2.50	
6	景观再造费	0.20 元/人·年	1.462	
7	合计		13.885	0.056（元/月·m^2）

注：1. 杂草清运费由环卫公司承包，每年 2.5 万元。

四、清洁、卫生费的测算（见表 6—1—7）

表 6—1—7　　清洁、卫生费的测算

序号	项目	测算依据	金额（万元/年）	测算结果
1	工具购置费	300 元/人·年	0.42	
2	劳保用品费	100 元/人·年	0.14	
3	消杀费	10 元/户·年	2.615	
4	化粪池清掏费	注 1	2.16	
5	垃圾外运费	注 2	20.70	
6	其他费用	注 3	4.0	
7	合计		30.035	0.121（元/月·m^2）

注：1. 化粪池清掏费由环卫公司承包，每年 2.16 万元。

2. 垃圾外运费由环卫公司承包，每年 20.70 万元。

3. 其他费用包括使用外来工的暂住证费及不可预见费等。

五、秩序维护费的测算（见表 6—1—8）

表 6—1—8　　秩序维护费的测算

序号	项目	测算依据	金额（万元/年）	测算结果
1	装备费	500 元/人·年	1.4	
2	人身保险费	注 1	0.224	
3	房租	注 2	2.125	
4	合计		3.774	0.015（元/月·m^2）

注：1. 秩序维护员每人每年投保 2 万元人身意外伤害险，费率 4‰。

2. 房租按 8 元/m^2·月。

第六章

六、办公费

按上年年终决算，全年办公费约45万元，考虑通货膨胀因素，按50万元计算。则每平方米分摊为

办公费＝50万元/（12个月×20.64万·m^2）＝2.202/月·m^2

七、固定资产折旧费

固定资产总额为50万元，平均折旧年限为5年，则

折旧费＝50万元/（5年×12个月×20.64万·m^2）＝0.040/月·m^2

八、利润

利润率取8%，则

利润＝（前七项之和）×8%＝0.992×8%＝0.079/月·m^2

九、法定税费

为前八项的5.5%，则

利润＝（前八项之和）×5.5%＝1.071×5.5%＝0.059/月·m^2

十、合计（见表6—1—9）

表6—1—9 各项费用合计

序号	项目	金额（元/月·m^2）	总费用比例（%）
1	工资福利费	0.358	31.7
2	维修费	0.200	17.7
3	绿化管理费	0.056	5.0
4	清洁卫生费	0.121	10.7
5	秩序维护费	0.015	1.3
6	办公费	0.202	17.9
7	折旧费	0.040	3.5
8	利润	0.079	7.0
9	税费	0.059	5.2
10	合计	1.130	100

十一、小区多种经营收入的补贴及物业服务费的确定

（1）小区配套公共建筑房屋出租收入（见表6—1—10）的补贴

表6—1—10 小区配套公共建筑房屋出租收入

序号	项目	面积（m^2）	租金（元/月·m^2）	租金收入（万元）
1	饭店	980	100	9.800
2	百货商店	2 460	30	7.380
3	综合修理部	850	30	2.550

第六章

续表

序号	项目	面积（m^2）	租金（元/月·m^2）	租金收入（万元）
4	集贸市场	1 690	40	6.760
5	商业用房	2 454	100	24.540
6	健身中心	2 440	50	12.200
7	合计	10 874		63.230

总租金 63.23 万元/月，15%用于补贴物业管理费，为 9.485 万元。

（2）停车费收入补贴

300 个车位，200 元/月，共计 6 万元。1/3 共计 2 万元补贴物业服务费。

（3）维修养护基金利息的补贴

此项补贴为 2 000 元/月。

上述三项之和为：9.485＋2＋0.2＝11.685 万元/月

分摊到每平方米建筑面积为：0.556 元/月·m^2

（4）该小区有创收项目，故可用创收项目的收益补贴部分物业服务费用

则该小区的物业服务费为：1.130－0.556＝0.564 元/月·m^2

注：专项服务和特约服务略。

思考与练习

1. 物业服务费的构成有哪些？
2. 物业服务费的定价形式及收费形式有哪些？
3. 物业服务费测算的原则是什么？
4. 物业服务费测算的依据是什么？

第 2 节　物业服务费的收缴

一、物业服务费的收取对象

物业服务费用的缴纳有三种不同情况：第一种是由业主缴纳；第二种是由使用人缴纳；第三种是由建设单位交纳。业主缴纳物业服务费用是最普遍的现象。业主是物业的所有权人，在物业管理活动中，物业服务企业受业主委托，对业主的物业进行管理，为业主提供服务，因此，业主理所当然地应当向物业服务企业支付相应的服务费用。在现实生活中，

业主拥有的物业不一定为业主所占有和使用。当业主将其物业出租给他人或者交由他人使用时，业主可以和物业使用人约定，由物业使用人缴纳物业服务费用。实际上，物业使用人是代业主履行合同义务。鉴于物业使用人实际占有和使用，是真正享受物业服务的人，因此，业主与物业使用人约定由物业使用人缴纳物业服务费用的，要从其约定。同时，考虑到业主毕竟是缴纳物业服务费用的第一责任人，业主的地位相对稳定，而物业使用人并不是物业服务合同的当事人，且其变动相对较快，为了保障物业服务企业的合法权益，即使业主与物业使用人有约定，业主仍然负连带缴纳责任。所谓连带缴纳责任，是指当物业使用人不履行与业主关于物业服务费用缴纳的约定时，业主仍负有缴纳物业服务费用的义务，物业服务企业可以直接要求业主支付物业服务费用。

对于一个物业管理区域内的新建物业，在建设单位销售物业之前，建设单位是唯一的业主。如果建设单位聘请了物业服务企业实施前期物业管理服务的，应当支付物业服务费用。在物业开始销售使用时，建设单位仍然需要就没有售出的物业及没有交付给业主的物业缴纳物业服务费用，因为已竣工而没有售出物业的产权仍然属于建设单位，作为产权人当然有义务缴纳服务费用；对于没有交付给物业买受人的物业而言，物业的实际占有人还是建设单位，物业的产权往往也还没有转移给买受人，买受人也没有享受到物业服务，因此，已竣工但未出售或者尚未交付给物业买受人的物业，物业服务费用由建设单位缴纳。

二、收取物业服务费的原则

《物业管理条例》第四十一条对物业服务收费做出了原则性的规定，物业服务收费应当遵循合理、公开以及服务水平相适应的原则，即合理原则、公开原则、质价相符原则。

1. 合理原则

首先，物业服务企业在进行物业服务收费时，应当遵守国家的价格法律及相关法律规定，如《物业管理条例》《物业服务收费管理办法》《价格法》等，严格履行物业服务合同，为业主提供质价相符的服务；其次，物业服务企业应当加强科学管理，准确核定并努力降低服务经营成本，使物业服务收费既能满足物业服务的价值补偿，又符合业主的实际需要。物业服务企业向业主提供的物业服务实质上是一种服务性商品，物业服务收费实际上是物业服务企业提供的物业服务的价格。这种价格一方面反映价值，另一方面又要与一定区域内物业服务消费者的消费承受能力相适应。

2. 公开原则

所谓公开原则是指物业服务企业在进行物业服务收费时，应当在物业管理区域内的显著位置将服务内容、服务标准以及收费项目、收费标准等有关情况进行公示，也就是明码标价。物业服务收费的公开化，增加了管理的透明度，可以有效地公开业主关心的热点、难点问题，改善物业服务企业与业主之间的关系，促进管理区域的稳定，营造和谐的发展空间。

3. 质价相符原则

即费用与服务水平相适应的原则，是指物业服务收费应当与物业服务企业提供的物业服务的内容和质量相适应，做到质价相符，不能只收费不服务或多收费少服务。

此外，一个特定物业区域内，凡是享受物业服务的每一个受益人都应当缴纳相应的物业服务费用，谁享受的服务水平越高，谁缴纳的服务费用越高。即谁享受谁承担的原则。

三、收取物业服务费的程序

1. 发出收费通知

物业服务企业财务部每月按规定时间（如每月 1 日）开出当月服务费“收费通知单”，由服务人员派送给业主，并设收费通知单签收本签收；外地的住户由财务部专人通过邮件方式通知缴费。

“收费通知单”一式两联。各费用项目分别列示，并注明费用所属期。除服务费为当月外，其余的水费、电费、维修费均为上月应缴费用。

2. 服务费缴交期

物业服务企业通常在收费通知单上注明正常缴费期，一般为当月 1～15 日。逾期缴交的业主每日按应缴额的 0.1%加计滞纳金。

正常缴交期的次日（如当月 16 日）起至延后 7 日为“催缴通知”催缴期。“催缴通知”从当月 16 日发出书面催缴通知书，限期为 7 日；从当月催缴期的次日（如当月 24 日）起至延后 7 日为“催缴最后通知书”的催缴期，限期为 7 日。

3. 业主委员会督促催缴

为了维护物业服务活动的交易秩序，《物业服务收费管理办法》和《物业管理条例》都规定了，对于欠费业主，业主委员会应当督促其限期缴纳。

通过上述程序，逾期仍没缴纳，物业服务企业可以依法追缴。依法追缴的方式就是依据物业服务合同关于解决争议条款的约定，通过仲裁或向人民法院起诉解决。

四、收取物业服务费的方法

如何有效进行物业服务费用的收取，减少业主拖欠的物业服务费用，实现物业服务的良性循环，是当前物业服务企业需要迫切解决的问题。下面针对如何收取物业服务费提出一些方法。

1. 熟悉小区的业主、住户、租户的基本情况是做好小区欠费催收工作的前提

物业管理小区的实践揭示：作为一名合格的小区物业服务收费员必须熟悉小区的业主、住户和小区的基本情况，也只有熟悉了小区的这些基础性数据，才能在收费工作中做到心中有数，得心应手，准确扎实地开展工作，有效地应对业主就小区物业相关事务的提问，专业、及时地回答业主、住户的问题，方能做到在物业管理过程和物业服务费用收费时准确及时、对号入座。

若收费员业务不熟、不精，不能有效地熟悉小区业主、住户的基本情况，那么服务工作与效率就会大打折扣，业主就会对物业服务人员的服务与专业水平的期望产生很大的落差，产生不良的负面阴影，进而不利于收费工作的进展。作为一名称职的小区物业服务收费员，熟悉小区业主、住户、租户的基本情况是做好小区物业服务收费工作的前提。

2. 掌握一定的顾客心理学并熟练应用，沟通是做好小区欠费催收工作的基础

物业管理小区的业主来自五湖四海，文化层次、教育背景、生活习性各不相同，相同的物业管理服务对于不同个体的业主有不同的感受，所产生的效果也不尽相同，同样的服务，有的业主会对物业服务感到满意、大加赞扬；而有的业主会做出相反的反应，对同样的物业服务却颇有微词。因此，要有效地进行小区物业服务费用的收缴工作，服务人员除了掌握必需的物业服务专业知识外，还需要学习与掌握相关的心理学知识，掌握基本的顾客心理学，并运用这些知识与业主进行有效的沟通，才能解决问题。

3. 熟练掌握物业管理知识、财务知识是做好小区费用收缴工作的重点

小区的物业管理事务牵涉到业主、住户生活的方方面面，物业服务收费人员只有熟练掌握物业管理知识，才能有效地处理与解决业主的问题，通过专业、有效地解释与交流满足业主相关的物业服务需求，那么收费工作中可能出现的问题也就能迎刃而解。

在物业管理实践中，由于长期受计划经济的影响，在多数业主的主观印象中，业主向物业单位缴交了物业服务费用，那么物业公司在小区的物业服务中就应该大包揽，满足业主各方面的需要，如邻居间发生争执、因共用毗连部位维修产生分歧、业主上下层管道滴漏负责维修责任问题的确认、在小区物业事务中因家庭喜好差异带来的不便等，物业公司如果没有及时协调解决，那么业主一般都会将矛头直接指向物业服务企业。因此，在加强物业管理知识与法律法规宣传的基础上，作为物业公司，在处理诸如此类问题时，从维护大多数业主的公共利益出发，严格依据相关法律、法规、政策的规定，不偏不倚、有理有据，公正合理地处理问题、协调好各相关主体的关系，明确相关责任主体，并及时进行跟踪，注意善后问题的处理，做到件件有着落，事事有结果，那么就可以得到大多数业主的理解与支持，从而减少由此产生的管理费收缴难的问题。因此，物业管理工作者应加强法律、法规及相关《物权法》等各方面知识与技能的学习，在工作中既要读懂本行业的法律、法规、政策，有理、有节、有序地协调好小区内多边交叉的复杂关系，除此之外，还要读懂小区业主的心理，理解业主的心声，因势利导，融合差异，使业主与服务单位形成较好的良性互动，业主们在享受服务的同时，自觉、自愿、及时地交纳物业服务费，使得小区的物业服务能够较好地实现良性循环，那么物业服务收费率就能保持在一个较为理想的水平。

4. 时刻秉承敬业精神与主人翁态度是做好小区欠费催收工作的关键

敬业精神是每个从业人员基本的行为准则，也是做好各项工作的关键点，作为物业服务收费人员必须时刻秉承敬业精神与主人翁态度，并以良好的心态投入工作，有了如此的工作态度，就会处处为业主着想，急业主之所急，就会通过有效的方式，扎实地开展工作，就会用心了解业主的有效需求，就会想方设法地为小区业主前来交费提供方便。

在小区的物业收费工作上，只要认真工作，真诚服务，所付出的劳动得到了业主的认可，大部分业主都能按时缴交物业服务费，但个别业主、住户也可能因工作时间与物业单位的上班时间产生同步，业主与住户总是与服务人员擦肩而过，对于类似这样的业主、住户，小区物业服务企业就要想办法，尽量为业主提供交费时间上的方便，比如：可以建议业主、住户预交一定金额的应缴物业服务费，由小区物业管理服务单位每月为其代扣，同时应认真做好代扣账目的核对工作，防止产生账目错误而引起纠纷；另外，也可以提供小区值班门岗代为收缴物业服务费的服务，由小区值班员代为转交给收费员，业主、住户可以利用清晨和晚上的闲暇时间缴交物业服务费，做到工作与缴费两不误。

五、常见物业服务费纠纷及处理程序

物业小区收费率低、大量业主拖欠物业服务费、服务费用催收难度大等问题，长期以来困扰着物业服务企业，制约了物业服务企业的健康发展。

1. 常见物业服务费纠纷

物业服务费纠纷由于出现的原因各种各样，其表现形式也是多种多样，总的来说可以归结为以下三类：

(1) 物业管理权争议导致的物业服务费纠纷

在物业服务费纠纷中有许多纠纷与管理权有关。在物业管理中由于对物业服务行业认识不清、定位不准，物业服务企业对所管的物业具有哪些可实行的权力，哪些属于业主可行使的权力，哪些需要物业服务企业与业主双方共同行使的权力存在很多歧义，然而有些在物业管理的条例、政策中并没有对管理权明确细致地作出规定，因此在物业管理中纠纷不断。主要表现为业主拖欠物业服务费，或业主对物业企业提供的服务不满意、或物业企业不规范收费而导致业主拒交物业费。

(2) 物业管理责任不清导致的物业服务费纠纷

物业服务企业在管理活动中到底该承担什么责任，在相关的法规、政策中界定模糊。物业服务企业作为管理者和服务者的双重身份，应该有责任、有义务维护全体业主的利益，保障全体业主的合法权利不受侵犯，然而物业服务企业作为盈利方时刻又与业主存在着对立的矛盾，因而常常使业主对于物业企业在管理中应承担的责任不满意，导致业主拖欠或拒交物业服务费，使纠纷不断。

(3) 物业服务费概念的含糊导致的物业服务费纠纷

近年来牵涉到物业服务费纠纷的还有一个突出方面，就是关于物业服务费概念，《物业管理条例》及相关法规明确说明物业服务费包含什么内容，物业服务人员在收费时也没有给业主解释清楚，仅仅是在收费收据上写上“物业服务费”，使业主不知道自己缴纳的费用都用在什么地方，从而产生拖欠物业服务费甚至拒交的现象；另外，还有部分业主对于明示的物业服务费包含的内容不认同，认为有些内容的费用不应该让业主出钱，由此也会产生关于物业服务费的纠纷。

2. 处理物业服务费纠纷的程序

（1）协商解决

协商是由物业管理纠纷当事人双方或多方本着实事求是的精神，依据有关法规、管理规约和所订合同中规定，直接进行磋商，通过摆事实、讲道理的办法来查明事实、分清是非，在自愿互谅、明确责任的基础上，共同商量达成一致意见，按照各自过错的有无、大小和对方受损害的程度，自觉承担相应的责任，以便及时地自行解决物业管理纠纷的一种处理纠纷的方式。

（2）第三方或请求政府主管部门行政调解

调解是指当事人之间发生物业管理纠纷时，由国家规定的有管辖权的第三方来主持引导当事人进行协商活动，坚持自愿原则和合法原则，运用对当事人进行利害分析、说服教育的方法，促使当事人双方相互谅解，自愿达成协议，平息纠纷争端的一种方式。

（3）约定仲裁

仲裁是指由物业管理纠纷当事人依据仲裁法，双方自愿达成协议选定仲裁机构并由其主持调解或对纠纷作出裁决的一种处理纠纷的方式。

（4）司法诉讼

诉讼是法院在物业管理纠纷诉讼当事人和其他诉讼参加人的参加下，依法审理和解决物业管理纠纷案件的活动，以及在该活动中形成的各种关系的总和。可分为民事诉讼和行政诉讼两大类。诉讼是解决争议纠纷的最基本的方式，也是最后的方式。

第六章

案例

某物业公司催缴物业服务费实施计划

一、目的

规范物业管理综合服务费等拖欠一年以上相关费用的催缴工作，实行责任到人，确保历年物业服务费的收取。

二、适用范围

适用于本物业公司全体员工。

三、职责

1. 清欠工作小组负责监督、指导、协调相关工作。
2. 项目负责人负责监督员工的服务行为。
3. 财务部负责复核清欠费用的实现情况。
4. 综合部负责绩效考核及对外法律（司法）行为、信息汇总工作。
5. 全体员工负责按照本规程开展催缴工作。

四、催缴流程图

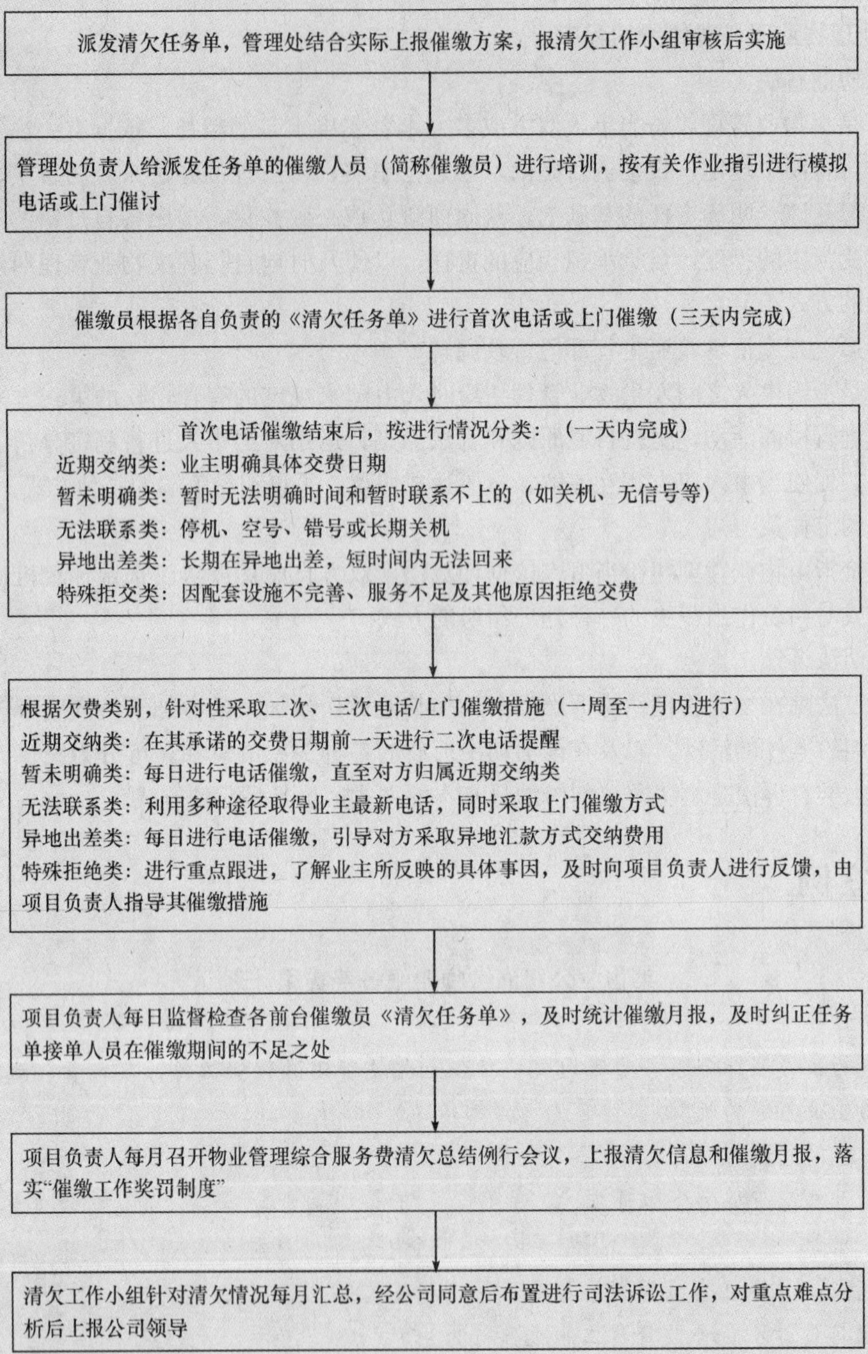

派发清欠任务单，管理处结合实际上报催缴方案，报清欠工作小组审核后实施

↓

管理处负责人给派发任务单的催缴人员（简称催缴员）进行培训，按有关作业指引进行模拟电话或上门催讨

↓

催缴员根据各自负责的《清欠任务单》进行首次电话或上门催缴（三天内完成）

↓

首次电话催缴结束后，按进行情况分类：（一天内完成）
近期交纳类：业主明确具体交费日期
暂未明确类：暂时无法明确时间和暂时联系不上的（如关机、无信号等）
无法联系类：停机、空号、错号或长期关机
异地出差类：长期在异地出差，短时间内无法回来
特殊拒交类：因配套设施不完善、服务不足及其他原因拒绝交费

↓

根据欠费类别，针对性采取二次、三次电话/上门催缴措施（一周至一月内进行）
近期交纳类：在其承诺的交费日期前一天进行二次电话提醒
暂未明确类：每日进行电话催缴，直至对方归属近期交纳类
无法联系类：利用多种途径取得业主最新电话，同时采取上门催缴方式
异地出差类：每日进行电话催缴，引导对方采取异地汇款方式交纳费用
特殊拒绝类：进行重点跟进，了解业主所反映的具体事因，及时向项目负责人进行反馈，由项目负责人指导其催缴措施

↓

项目负责人每日监督检查各前台催缴员《清欠任务单》，及时统计催缴月报，及时纠正任务单接单人员在催缴期间的不足之处

↓

项目负责人每月召开物业管理综合服务费清欠总结例行会议，上报清欠信息和催缴月报，落实"催缴工作奖罚制度"

↓

清欠工作小组针对清欠情况每月汇总，经公司同意后布置进行司法诉讼工作，对重点难点分析后上报公司领导

五、流程说明

1. 催缴前

根据本小区实际约定的费用交纳情况，准时派发《催缴通知单》到每户业主本人，如无法送达本人及其亲属则次派发到该户信报箱。

在缴款单的约定时间内未来交费的业主或住户，进入上述催缴流程。

项目负责人根据欠费业主数量及欠费单元催缴疑难程度，按实际情况分配给相关工作人员，明确欠费催缴员的催缴工作量。

催缴前，物业欠费催缴员必须将分配到各自负责的《清欠任务单》进行全面了解，核查其欠费业主是否存有历史遗留问题（根据催缴经验总结，部分业主通常在催缴中会谈到以往的历史遗留问题，为使物业欠费催缴员能及时应对，促进催缴工作有效，因此，物业催缴员必须在催缴前先了解其业主是否存在历史遗留问题）。

催缴前，必须再次核实费用是否交清，以免误催，招致业主反感。

2. 催缴中

催缴员进行首次电话或上门催缴时应以提醒为主。

催缴员及时将每位业主的通话情况详细记录在《清欠任务单》上，注明业主回馈信息、致电时间、致电人。

催缴员必须在三天内完成第一次电话催缴工作，将《清欠任务单表》按要求进行分类如下：

近期交纳类：业主已明确具体交费日期；

暂未明确类：业主无法明确时间和暂时联系不上的（如关机、无信号等）；

无法联系类：停机、空号、错号或长期关机；

异地出差类：业主长期在异地出差，短时间内无法回来；

特殊拒交类：业主因配套设施不完善、服务不到位等原因拒绝交费。

根据欠费类别，再次派发《清欠任务单》，有针对性采取二次、三次电话/上门催缴措施：

近期交纳类：在其承诺的交费日期前一天进行二次电话提醒；

暂未明确类：每日进行电话催缴，直至对方归属近期交纳类；

无法联系类：利用多种途径取得业主最新电话，同期并采取上门催缴；

异地出差类：每日进行电话催缴，引导对方采取异地汇款方式交纳费用；

特殊拒绝类：进行重点跟进，了解业主所反映的具体事因，及时向项目负责人进行反馈，由项目负责人指导其催缴措施。

掌握每天的催缴时间，利用工作的空闲时间催缴，一有空闲就催。每周催缴次数不得少于2次。每天最佳催缴时间9：30（周末10：30）—12：00、15：00—21：00，催缴时，尽量先打电话座机，然后再打手机。

每周项目负责人召开“物业管理清欠总结例行会议”，讲评本周物业管理综合服务费催缴力度及不足之处，共同探讨催缴的最佳措施，推广行之有效的催缴方式。

对于上述正常催缴方式无效的业主将更换催缴的时间，每天催缴的时间更改为：家庭座机为7：00—9：00，21：00—23：00；个人手机为7：00—14：00，22：00—24：00

（在此期间，如业主不接听电话的催缴间隔为每30 min/次）。

如业主未能在原承诺的时间内如期交纳相应的物业管理综合服务费，则采取发放快递邮件的形式进行催缴（注：在特快专递的内件品名中注明该业主欠费明细）。将催缴情况详细记录在《清欠任务单》内，由项目负责人当天检查并签字确认。

上述催缴方式仍无效的，则上报项目负责人查找该业主的详细工作或家庭地址，由项目负责人安排相关专人亲临业主所在工作单位或家庭住址催缴。将催缴情况详细记录在《清欠任务单》内，由项目负责人当天检查并签字确认。

如亲临业主工作单位或家庭住址催缴无效的，由项目负责人亲自登门催缴。如仍然无效，对拒交物业管理综合服务费的业主，采取发放律师函催缴方式。将催缴情况详细记录在《清欠任务单》内，由项目负责人当天检查并签字确认。

在发放律师函限定的时间内仍然未交费的，在小区内采取不记名公示警示业主。将催缴情况详细记录在《清欠任务单》内，由项目负责人当天检查并签字确认。

在公示期（一周）内仍然未来交费的业主，项目负责人将该小区具代表性的欠费大户上报清欠工作小组，由总经理根据实际情况对该部分欠费业主进行法律诉讼。具体由清欠小组与各项目负责人实施相关证据收集与诉讼工作。

思考与练习

1. 收取物业服务费的原则是什么？
2. 收取物业服务费的程序是什么？
3. 常用物业服务费收取方法有哪些？
4. 催缴物业服务费的程序是什么？
5. 常用解决物业服务费纠纷的程序是什么？

第3节　专项维修基金的管理

专项资金是物业财务管理中的一项重要内容，其费用性质同物业费一样，是由业主交纳的，所有者权益属于全体业主，物业服务企业对它的管理和使用属于代管性质。

一、专项维修资金的概念

《物业管理条例》第五十四条规定：住宅物业、住宅小区内非住宅物业或者与单幢住宅楼结构相连的非住宅物业的业主，应当按照国家有关规定缴纳专项维修资金。

专项维修资金属业主所有，专项用于物业保修期满后物业共用部位、共用设施设备的维修和更新、改造，不得挪作他用。

按照条例的有关规定，可将专项维修资金定义为：专项维修资金指业主或者公有住房售房单位缴存的，专项用于住宅共用部位、共用设施设备的维修和更新、改造的资金。

定义中所提的住房共用部位、共用设施设备，是指根据法律、法规和住房买卖合同，由单幢住宅业主所有的建筑共用部位、共用设施设备，以及由住宅小区业主共同所有的建筑共用部位、共用设施设备。

专项资金是由业主交纳的，为了保障物业在使用一定时间后，所需的特定维修、更新及房屋发生紧急情况时应急的资金。在物业管理活动中，为了维护全体业主的共同利益，保证物业始终处于正常运行和完好的状态，除了在物业服务费中满足物业的日常维护和小修活动外，业主还需缴纳特定的费用，专项用于物业共用部位、共用设施设备保修期满后特定情况下的中修、小修、更新、改造以及出现特殊或紧急情况时的支出。专项资金的建立可以避免在上述情况出现时，集中大量资金给业主带来的负担。同时，也可以在出现上述情况时，能够及时处理，不干扰业主或使用人的正常工作和生活。这也是物业管理追求良好和长效管理的重要因素与必要条件。

二、专项维修资金的筹集途径

1. 法规规定的费用

（1）商品住房的住房专项维修资金由业主缴存。

（2）业主首次缴存住房专项维修资金的标准，应当不低于当地住宅建筑安装工程造价的5%，具体标准由省、自治区人民政府建设主管部门或者直辖市人民政府房地产主管部门制定。

（3）已购公有住房的住房专项维修资金，由业主和售房单位共同缴存。

（4）业主首次缴存的住房专项维修资金，按照房改成本价的2%计算缴存。

（5）售房单位缴存的住房专项维修资金，按照多层住宅售房款的20%、高层住宅售房款的30%一次性计算缴存。

2. 物业服务费结转的费用

物业服务费在运转中会有完成成本开支后的结余，如果有连续几年或者年度出现较大数额的结余时，除可在管理预算中调整外，也可经业主大会同意设定一定比例纳入专项资金，但由于服务费的结余的原因有多种，其结余部分的再分配亦应根据多退少补原则进行适当安排。

3. 业主大会中决定分摊的费用

根据物业维护保养的需要，在大、中修和更新、改造费用不足时，由业主大会决定向全体业主收取的、保证物业的正常使用的分摊资金。

4. 业主共有物业的收益

利用物业共用部位、共用设施设备进行经营的，应当在征得相关业主、业主大会、物业服务企业的同意后，按照规定办理相关手续。业主所得收益应当主要用于补充专项维修资金，也可以按照业主大会的决定使用。

物业区域内的共用部位，通常有些可以用来经营，获得收益，这部分物业的产权属全体业主共有，这些物业可采取灵活多样的方式，由物业服务企业经营，比如对小型超市等商业用房，以及物业区域内的由开发商或有关部门认定的属业主权益的广告牌等商业设施的收益，可将收入的一部分并入专项资金。此项收入并入专项资金必须以首先满足补充物业服务费的不足和当前的使用为前提。

5. 社会捐赠或政府拨款的费用

由社会各界捐赠或政府根据某种情况拨付的，专项用于某项或某类物业维护保养、本体修缮、美化和装点设施维护的费用。

三、专项维修资金的使用

专项维修资金的使用应当遵循方便快捷、公开透明、受益人和负担人相一致的原则。

（1）实施物业管理的住房，对全体业主共有的共用部位、共用设施设备进行维修、更新和改造的，由物业服务企业提出住房专项维修资金使用计划，经业主大会通过后实施；对部分业主共有的，共用部位、共用设施设备进行维修、更新和改造的，由物业服务企业提出住房专项维修资金使用计划，经对该共用部位、共用设施设备具备有关系的业主 2/3 以上通过后实施。

（2）实施物业管理但未成立业主大会以及未实施物业管理但有房屋管理单位的住房，由物业服务企业或者房屋管理单位，提出住房专项维修资金使用计划，经对该共用部位、共用设施设备具备有关系的业主 2/3 以上通过后实施。

未实施物业管理也没有房屋管理单位的住房，由对共用部位、共用设施设备具备共有关系的业主，提出住房专项维修资金使用计划，经对该共用部位、共用设施设备具备有关系的业主 2/3 以上通过后实施。

（3）发生危机房屋安全的情况，需要立即对住房共用部位、共用设施设备进行维修、更新和改造的，可由物业服务企业或者房屋管理单位预先垫付有关费用，经业主大会审核，确定后，从住房专项维修资金中列支。

（4）因对商品住房共用部位、共用设施设备进行维修、更新和改造，使用住房专项维修资金的，从对该共用部位、共用设施设备具备有关系的业主账户中列支。

（5）因对已购公有住房共用部位、共用设施设备进行维修、更新和改造，使用住房专项维修资金的，可以按照业主和售房单位缴存住房专项维修资金的比例，分别从对该共用部位、共用设施设备具有共有关系的业主账户和售房单位的专项维修资金账户中列支。

（6）住房共用部位、共用设施设备在保修期内应由建设单位承担的维修、更新和改造费用，不得从住房专项维修资金中列支。

（7）供水、供电、供气、供热、通信、有线电视等管线和设施设备的维修、养护责任依法应由相关单位承担的，所需费用不得从住房专项维修资金中列支。

（8）住房共用部位、共用设施设备属于人为损坏的，修复费用由责任人承担，不得从住房专项维修资金中列支。

（9）根据物业服务合同约定，应当由物业服务企业从物业服务费用或者物业服务资金中支出的住房共用部位、共用设施设备的维修养护费用，不得从住房专项维修资金中列支。

（10）在保证住房专项维修资金正常使用的前提下，代管单位可以按照国家有关规定将住房专项维修资金用于购买一级市场国债。业主大会成立以后，代管单位用住房专项维修资金购买一级市场国债的，应当经业主大会同意。

（11）住房专项维修资金存储或者购买国债的增值收益应当转入住房专项维修资金滚存使用。

（12）利用住房共用部位、共用设施设备进行经营的，业主税后所得纯收益应当主要用于补充住房专项维修资金，业主大会另有决定的除外。

（13）住房共用设施设备报废后回收的残值，统一纳入住房专项维修资金。

（14）业主转让住房时，应当结清欠缴的住房专项维修资金，该住房结余的住房专项维修资金应当随房屋所有权同时过户。

（15）因拆迁等原因造成住房灭失的，住房专项维修资金代管单位应当将业主缴存的住房专项维修资金账面余额返还业主，售房单位缴存的住房专项维修资金账面余额纳入政府统筹管理。

（16）住房专项维修资金代收代管单位应当定期向业主公布，接受业主咨询，并依法接受审计部门审计监督。

四、专项维修资金的管理

1. 专项维修资金的管理原则

住房专项维修资金管理实行统一缴存、专户存储、专款专用、所有人决策、政府监督的原则。

（1）统一缴存

该原则是指拥有共用部位、共用设施设备的住房，其区分所有关系的全体业主都应当按照国家有关规定缴存专项维修资金。

（2）专户存储

该原则是指具有区分所有关系的业主的专项维修资金应当存储于一家商业银行，以方便使用。

（3）专款专用

该原则是指专项维修资金专门用于住房共用部位、共用设施设备保修期满后的维修更新及改造，不得挪作他用。

（4）所有人决策

该原则是指专项维修资金的使用、续筹方案和代收代管等重大事项均需要经过业主大会的同意。

（5）政府监督

该原则是指房地产主管部门会同财政部门对专项维修资金进行监督管理。

2. 专项维修资金的管理方法

目前，对于物业专项维修资金的管理，各地方政府按照建设部、财政部 2007 年 12 月 4 日联合下发的《住宅专项维修资金管理办法》和国务院 2007 年 10 月修订的《物业管理条例》的精神，结合当地具体情况制定的地方性的管理办法。

（1）业主大会成立前

1）商品住宅业主、非住宅业主交存的住宅专项维修资金，由物业所在地直辖市、市、县人民政府建设（房地产）主管部门代管。已售公有住房住宅专项维修资金，由物业所在地直辖市、市、县人民政府财政部门或者建设（房地产）主管部门负责管理。直辖市、市、县人民政府建设（房地产）主管部门应当委托所在地一家商业银行，作为本行政区域内住宅专项维修资金的专户管理银行，并在专户管理银行开立住宅专项维修资金专户。

开立住宅专项维修资金专户，以物业管理区域为单位设账，按房屋户门号设分户账；未划定物业管理区域的，以幢为单位设账，按房屋户门号设分户账。

2）商品住宅的业主应当在办理房屋入住手续前，将首期住宅专项维修资金存入住宅专项维修资金专户。

已售公有住房的业主应当在办理房屋入住手续前，将首期住宅专项维修资金存入公有住房住宅专项维修资金专户或者交由售房单位存入公有住房住宅专项维修资金专户。

公有住房售房单位应当在收到售房款之日起 30 日内，将提取的住宅专项维修资金存入公有住房住宅专项维修资金专户。

未按规定交存首期住宅专项维修资金的，开发建设单位或者公有住房售房单位不得将房屋交付购买人。

3）专户管理银行、代收住宅专项维修资金的售房单位应当出具由财政部或者省、自治区、直辖市人民政府财政部门统一监制的住宅专项维修资金专用票据。

4）业主分户账面住宅专项维修资金余额不足首期交存额 30％的，应当及时续交。续交的具体管理办法由直辖市、市、县人民政府建设（房地产）主管部门会同同级财政部门制定。

（2）业主大会成立后

1）按照下列规定划转业主交存的住宅专项维修资金：

①业主大会应当委托所在地一家商业银行作为本物业管理区域内住宅专项维修资金的专户管理银行，并在专户管理银行开立住宅专项维修资金专户。开立住宅专项维修资金专户，应当以物业管理区域为单位设账，按房屋户门号设分户账。

②业主委员会应当通知所在地直辖市、市、县人民政府建设（房地产）主管部门；涉及已售公有住房的，应当通知负责管理公有住房住宅专项维修资金的部门。

③直辖市、市、县人民政府建设（房地产）主管部门或者负责管理公有住房住宅专项维修资金的部门应当在收到通知之日起30日内，通知专户管理银行将该物业管理区域内业主交存的住宅专项维修资金账面余额划转至业主大会开立的住宅专项维修资金账户，并将有关账目等移交业主委员会。

2）住宅专项维修资金划转后的账目管理单位，由业主大会决定。业主大会应当建立住宅专项维修资金管理制度。业主大会开立的住宅专项维修资金账户，应当接受所在地直辖市、市、县人民政府建设（房地产）主管部门的监督。

3）业主分户账面住宅专项维修资金余额不足首期交存额30％的，应当及时续交。续交方案由业主大会决定。

3. 专项维修资金的监督

（1）房屋所有权转让时，业主应当向受让人说明住宅专项维修资金交存和结余情况并出具有效证明，该房屋分户账中结余的住宅专项维修资金随房屋所有权同时过户。受让人应当持住宅专项维修资金过户的协议、房屋权属证书、身份证等到专户管理银行办理分户账更名手续。

（2）房屋灭失的，按照以下规定返还住宅专项维修资金：

1）房屋分户账中结余的住宅专项维修资金返还业主。

2）售房单位交存的住宅专项维修资金账面余额返还售房单位；售房单位不存在的，按照售房单位财务隶属关系，收缴同级国库。

（3）直辖市、市、县人民政府建设（房地产）主管部门，负责管理公有住房住宅专项维修资金的部门及业主委员会，应当每年至少一次与专户管理银行核对住宅专项维修资金账目，并向业主、公有住房售房单位公布下列情况：

1）住宅专项维修资金交存、使用、增值收益和结存的总额。

2）发生列支的项目、费用和分摊情况。

3）业主、公有住房售房单位分户账中住宅专项维修资金交存、使用、增值收益和结存的金额。

4）其他有关住宅专项维修资金使用和管理的情况。

业主、公有住房售房单位对公布的情况有异议的，可以要求复核。

（4）专户管理银行应当每年至少一次向直辖市、市、县人民政府建设（房地产）主管部门，负责管理公有住房住宅专项维修资金的部门及业主委员会发送住宅专项维修资金对账单。直辖市、市、县建设（房地产）主管部门，负责管理公有住房住宅专项维修资金的部门及业主委员会对资金账户变化情况有异议的，可以要求专户管理银行进行复核。

专户管理银行应当建立住宅专项维修资金查询制度，接受业主、公有住房售房单位对其分户账中住宅专项维修资金使用、增值收益和账面余额的查询。

（5）住宅专项维修资金的管理和使用，应当依法接受审计部门的审计监督。

（6）财政部门应当加强对住宅专项维修资金收支财务管理和会计核算制度执行情况的监督。

（7）住宅专项维修资金专用票据的购领、使用、保存、核销管理，应当按照财政部以及省、自治区、直辖市人民政府财政部门的有关规定执行，并接受财政部门的监督检查。

案例

房屋专项维修资金使用方案

一、维修和更新、改造项目概况

据业主反映（有关部门检查），________________小区（院）的损坏，并已过保修期，拟申请使用维修资金进行维修（更新、改造）。（选择打√）

二、维修和更新、改造项目清单

序号	维修项目	工程量	预算金额（元）	列支范围	实施时间

三、主要施工工艺和材料（可附页）

____

____

____

四、参与监督的业委会委员或业主代表名单

方案制订、施工单位选择等重要事项由下列业委会委员或抽选的业主代表参与监督，欢迎其他业主参与监督。

楼号	业主姓名	楼号	业主姓名	楼号	业主姓名

五、在业委会委员或业主代表参与监督下采用招标（比选）方式确定施工单位。维修费用结算拟采用固定总价（固定单价）方式。（选择打√）

六、维修范围内有________户业主未交维修资金，________户余额不足，这些业主应交齐维修资金或以现金补足应分摊的费用。

七、由业委会（业主代表/公房售房单位/物业服务企业）作为申请人负责办理申请

维修资金手续。(选择打√)

本方案已经业委会委员或业主代表审核同意,自今日起公示7日。

业委会委员或业主代表签字　　　　　　　　　　　　　申请人:(签章)

姓名:　　　　　　　　电话:

年　月　日

北京市　　　　区　　　　小区

关于专项维修资金使用方案的公示

______业主(全体/门牌幢):

经查,本________(小区/门牌幢)的下列物业共用部位、共用设施设备需要______(维修/更新/改造),______物业服务企业制订了(维修/更新/改造)方案,现将方案的主要内容公示如下:

工程项目名称	
具体部位、设施设备	
工程预算资金金额	
费用分摊范围(分摊门牌幢及面积)	
施工单位选择方式	
施工管理方式	
工程验收方式	
资金决算方式	
计划实施时间	
其他需要说明的情况	

各业主对上述维修、更新方案有任何意见和建议的,可在7日内向业主委员会反映。在听取业主反馈意见,完善上述方案后,业主委员会将另行向______(全体/门牌幢)业主发放表决票,请各业主对维修资金使用方案进行表决。

联系人:　　　　　　　　　　地址:

电　话:　　　　　　　　　　时间:

特此公示!

北京市　　　　区　　　　小区业主委员会

年　月　日

思考与练习

1. 什么是专项维修资金？
2. 专项维修资金的筹集途径都有哪些？
3. 专项维修资金的使用原则是什么？
4. 专项维修资金的使用注意些什么？
5. 专项维修资金怎样管理？

第七章　物业常用文书撰写与档案管理

第1节　物业常用文书撰写

在物业管理工作中，文书是物业服务企业办理公务、处理业务、交流信息、协调关系必不可少的专用工具，常用文书包括通知、计划、总结及规章制度等。

一、物业管理有关通知

1. 通知的概念

通知是用于批示下级机关的公文、转发上级机关和不相隶属机关的公文、发布规章、传达要求和有关单位需要周知或共同执行的事项、任免和聘用干部的一种公文。它是一种应用较为广泛的知照性文书。

通知具有联系沟通、指导、规范行为、依据和凭证的作用。

2. 通知的分类

一是指示性通知。用于直接发布行政法规和对下级某项工作的指示、要求。带有强制性、指挥性和决策性。

二是批示性通知，又称转发性通知。领导机关用批转、转发的方式发布某些法规，要求下级贯彻执行。批转下级机关送来的工作报告、建议、计划等，以及沟通情况，指导工作。

三是周知性通知。多用于上级机关向下级机关宣布某些应知事项，不具有强制性。

四是会议通知。用于对上级或平级。

五是任免通知。上级机关对任免的人员用通知的形式告知下级机关。

六是发布性通知。常用于发布有关规定、规则、条例、办法等规章制度。

3. 通知的结构及内容

通知由标题、正文和落款三部分组成：

（1）标题

通常有三种形式：一种是由发文机关名称、事由和文种构成；一种是由事由和文种构成；一种是由文种“通知”作标题。

（2）正文

由开头、主体和结尾三部分组成。开头主要交代通知缘由、根据；主体说明通知事项；结尾提出执行要求。在写正文之前，要在标题之下、正文之上顶格写出被通知对象的名称，在名称后加冒号，或将名称以“抄送”形式写于最后一页的最下方。

（3）落款

写出发文机关名称和发文时间。如已在标题中写了机关名称和时间，这里可以省略不写。

案例

催缴物业费的通知

尚未交费的业主：

您好！在广大业主的大力支持与配合下，2011 年度物业服务费收缴工作已接近尾声，但至今仍有少数业主由于某种原因未能按时交费。

物业费是小区治安秩序、环境绿化及卫生、房屋公共设施配套管理的根本保证，如果物业费不能按时缴纳，将会对物业管理和服务造成致命的影响。同时，严重侵犯了已交费业主的切身利益，为此我们再一次郑重提示，从 12 月 31 日起我们将按有关规定按日 3‰收取滞纳金逾期未交费的业主，将按照《物业管理条例》第六章第六十七条规定依法进行追缴，请未交费业主尽快抽时间到物业公司交费。

凡属在质保期内的房屋质量问题，我们将继续与开发及施工单位沟通联系，尽快给予解决，请不要将施工单位应承担的质量责任与物业管理工作混淆，更不可以施工质量等问题为借口拒交物业费。

物业公司随时接受业主的监督，持续改进，竭诚为业主服务，谢谢您的理解与支持！

×××物业服务中心

2011 年 12 月 2 日

二、物业服务企业岗位工作计划

1. 计划的概念

计划是指物业服务过程中，为完成某项任务或采取某种行动之前而事先拟订目标、要求及其相应的方法、步骤、措施、时限等所形成的文字资料。计划有利于明确企业的奋斗目标，有利于合理配置资源，可以督促人们的行为，并成为检查、评价、考核的依据。

2. 计划的分类

计划是个统称，平时所说的“方案”“设想”“安排”“规划”“打算”等都可以归为计划。按照不同的标准，计划可分为不同的种类：

（1）按性质划分，有生产经营计划、学习计划、工作计划、销售计划、服务计划等。

（2）按范围划分，有国家计划、部门计划、单位计划、个人计划等。

（3）按时间划分，有长期计划、中期计划、短期计划、年度计划、季度计划、月度计划等。

（4）按内容划分，有综合性计划、专题计划、项目计划等。

（5）按形式划分，有条文式计划、表格式计划、混合式计划等。

3. 岗位工作计划的结构和基本内容

岗位工作计划属于普通计划，一般由标题、正文、结尾三部分组成。

（1）标题

计划的标题通常由单位名称、隶属时间、事由和文种组成。

（2）正文

正文的开头需简明扼要地说明计划的目的和依据；主体部分分条说明计划的内容、步骤、方法、措施、时限等。内容要具体、明确、周密。

（3）结尾

结尾一般用来表明态度和决心，或说明注意事项和检查执行计划的方法等。

4. 拟写工作计划的要求

（1）服从大局，有明确的预见性

岗位工作计划应纳入物业服务企业整个工作计划之中，正确处理好整体和局部、个人与集体、现在和未来的关系。岗位工作计划只有符合企业长远的发展目标，并具有卓识远见，不走过场，不流于形式，也才能真正发挥其指导作用。

（2）实事求是，有明确的目的性

制订岗位工作计划，一定要从本岗位的实际出发，既要与企业的总目标一致，又不能照搬照抄。在一定时间内完成什么任务，实现什么目标，达到何种预期效果，都应在计划中一一列明。没有目标，没有任务和要求，没有设想，计划就成了空壳。

（3）明确具体，有可行的措施和步骤

制订计划终究是要执行的，写得越具体，就越具有可操作性。无论是任务、要求、指标，还是措施、办法、步骤，都应写得一清二楚，切实可行。否则，目标一旦定得过高，跨度过大，计划的实施就成了泡影。制订计划时，要事先调查研究，走群众路线，交群众讨论，让计划切实可行，并且指标尽量量化，以便于群众积极主动实施及相互间考评监督。

案例

2012年物业工作规范化改革计划

自2011年12月份组织架构调整以来，××区的日常工作在公司领导的正确指导下顺利开展，在清洁、绿化工作方面的质量有明显的改善与提高，但在小区车辆秩序的管理、公共设施设备维保的管理、部门内部队伍的培训建设等方面仍然较薄弱。对我个人来讲，一直在物业客服线上工作，接触工作主要以客户投诉处理、内外沟通协调以及社区文化活动为主，对其他部门在技术操作、内部管理方面的知识掌握不够全面，尤其是对工程、公共秩序维护在工作的细化管理上更是弱项，2012年将是我们物业工作全面提升的一年，我将针对欠缺与不足努力补上，全面提高，跟上公司的发展需求。特制订了2012年物业工作计划：

根据公司在新一年度的战略目标及工作部署，××区在2012年工作计划将紧紧围绕“服务质量提升年”来开展工作，主要工作计划有：

(1) 全面实施规范化管理

在原有基础上修订各部门工作手册，规范工作流程，按工作制度严格执行，加大制度的执行力度，让管理工作有据可依。并规范管理，健全各式档案，将以规范表格记录为工作重点，做到全面、翔实有据可查。

(2) 执行绩效考核工作，提高服务工作质量

以绩效考核指标为标准，实行目标管理责任制，明确各级工作职责，责任到人，通过检查、考核，真正做到奖勤罚懒，提高员工的工作热情，促进工作有效完成。

(3) 强化培训考核制度

根据公司培训方针，制订培训计划，提高服务意识、业务水平。有针对性地开展岗位素质教育，促进员工爱岗敬业，服务意识等综合素质的提高。对员工从服务意识、礼仪礼貌、业务知识、应对能力、沟通能力、自律性等方面反复加强培训，并在实际工作中检查落实，提高管理服务水平和服务质量，提高员工队伍的综合素质，为公司发展储备人力资源。

(4) 结合小区实际建立严整的安防体系

从制度规范入手，责任到人，并规范监督执行，结合绩效考核加强队伍建设，加大对小区住户安防知识的宣传力度，打开联防共治的局面。

(5) 完善日常管理，开展便民工作，提高住户满意度

以制度规范日常工作管理，完善小区楼宇、消防、公共设施设备的维保，让住户满意，大力开展家政清洁、花园养护、水电维修等有偿服务，给业主提供优质服务。

(6) 根据公司年度统筹计划，开展社区文化活动，创建和谐社区

根据年度工作计划，近阶段的工作重点是：

1) 根据营运中心下发的《设备/设施规范管理制度》《电梯安全管理程序》《工作计划管理制度》等制度规范，严格执行，逐项整改完善，按实施日期落实到位。

2) 根据《绩效考核制度》中日常工作考核标准组织各部门员工培训学习，明确岗位工作要求。

3) 拟订车辆临停收费可行性方案。

4) 配合运营中心“温馨社区生活剪影”等社区文化活动的开展，组织相关部门做好

准备工作。

5）按部门计划完成当月培训工作。

2012年××区将以务实的工作态度，以公司的整体工作方针为方向，保质保量完成各项工作任务及考核指标，在服务质量提升年中创出佳绩。

三、物业服务企业工作总结

1. 总结的概念

总结是国家机关、社会团体、企事业单位等通过对过去一阶段工作的回顾和分析评价，判明得失利弊，提高理性认识，用以指导今后工作的一种常用文书。总结作为人们认识客观事物、掌握客观规律的一种手段，是寻找工作规律、提高工作成绩的有效办法。

2. 总结的分类

总结是一个统称，日常工作中的“小结”“情况”“经验体会”等都属于总结的范畴。根据不同的划分标准，可以有不同的种类：

1）按总结的性质划分，有学习总结、思想总结、工作总结等。

2）按总结的时间跨度划分，有年度总结、季度总结、月总结、阶段总结等。

3）按总结的内容划分，有综合性总结、专题总结。

4）根据范围的不同，可以分为全国性总结、地区性总结、部门性总结、本单位总结、班组总结等。

3. 岗位工作总结的结构和基本内容

总结一般有标题、正文和落款三部分组成。

（1）标题

总结的标题大体上有两类构成形式：一类是公文式标题；一类是非公文式标题。公文式标题由单位名称、时间、事由、文种组成，如《××物业公司2011年度思想政治工作总结》《××物业管理处工作总结》，有的只写《工作总结》等。非公文式标题则比较灵活，有的为双行标题，如《增强体质，全面贯彻执行教育方针——开展多种形式的体育活动》，有的为单行标题，如《推动人才交流，培植人才资源》等。

（2）正文

总结正文的结构由前言、主体、结尾组成。

1）前言。即正文的开头，一般简明扼要地概述基本情况，交代背景，点明主旨或说明成绩，为主体内容的展开做必要的铺垫。

2）主体。这是总结的核心部分，其内容包括做法和体会，成绩和问题，经验和教训等。这一部分要求在全面回顾工作情况的基础上，深刻、透彻地分析取得成绩的原因、条件、做法以及存在问题的根源和教训，揭示工作中带有规律性的东西。回顾要全面，分析要透彻。

不同类型的总结，内容有所侧重，全面性总结其主体包括两个层次，即成绩和经验，存在的问题和教训。对于一般的工作总结，重点放在成绩和经验上。

总结正文的结构，主要采用逻辑结构形式。全面性总结根据过去一段工作中的成绩和问题，或者经验和教训的内在联系去组织材料。专题性总结以经验为轴心去组织材料。

3）结尾。可以概述全文，可以说明好经验带来的效果，可以提出今后努力方向或改进意见。

（3）落款。包括署名和时间两项内容。如果标题中已有署名，这里可不再写。

案例

物业管理工作总结

时光飞逝，转眼2011年来到了，回首2010年的工作，充满着艰辛和快乐，这一年来，我物业部全体员工在公司正确领导下，团结一心，艰苦奋斗，勇于拼搏，不断创新，进一步完善和改进了物业部的管理和服务质量，取得了可喜的成绩：组建了一支优秀的物业管理团队，创建了一种科学的管理模式和先进的管理理念、管理方法，以及严格的质量标准和工作程序；形成了服务与管理相结合的专业分工体系，多次得到上级主管部门领导的表扬和赞誉；一年以来，我们紧紧围绕战略规划、品牌建设、内部管理、信息沟通、服务绩效来展开一系列的工作。

（1）全力配合公司地产开发，小区品牌不断提升

今年，为了配合公司的物业发展，公司调整了发展战略，奉行“先品牌、后规模”“把工作重心放在改进物业的服务品质”的思路，集中优势资源确保为公司开发的精品楼盘提供配套的精品物业管理。为此，重点抓好以下几方面的工作：

1）贯彻物业管理ISO体系的有效运作。成立之初便做好了质量的策划，明确公司的质量目标、要求，以及所想达到的目标，以最合适的服务质量去满足业主及使用人的需要。一季度来，公司始终按照ISO 9000和ISO 14000的要求为奋斗目标，同时也进一步向业主及使用人展示了公司相关方面优质服务的形象，打造阳光名邸物业品牌。

2）形成以客户满意为中心的质量体系。自进驻开始，一直把“客户满意，业主至上”作为工作的中心，进一步确定了以客户为中心的经营服务理念，今后我们将继续贯彻实施和改进服务质量，提高服务绩效。

3）建立阳光名邸物业零缺陷的目标。部门成立之后，经过反复讨论和研讨，认为要想做得独特，就须把工作做到零缺陷：服务零缺陷；操作零缺陷；设备零故障；安全零隐患的四零缺陷。明确了业主不总是对的，但永远是最重要的客户需求，充分做好达到需求的各种准备，积极预防可能发生的问题。

（2）人员管理

人力资源是公司发展的重要保证。我们坚持属地化管理的方针，进驻之初，因处地特殊，故人员素质偏低。但为了提高公司的竞争力，我部门积极开展多种员工专业知识培训，使员工成为“一专多能”且达到了显著的效果。员工培训包括：企业文化培训、专业技术培训等，特别是对管理层进行的物业管理员资格考评培训和保安队伍的消防知识培训以及专业知识培训。通过培训，提高了员工的综合素质，改善了员工的工作态度，激发员工团结合作，大大提高了服务质量，也给公司的发展提供了广阔的空间。

（3）完善各项规章制度，建立内部管理机制

我物业部始终把提高物业服务水平、扩大服务范围、由内部服务逐步走向外部服务发展，争取从市场中获取效益当作今后可持续性发展的必由之路。而要实现这一目标，优质服务是根本的基础所在，为此，我们本着实事求是的原则建立了一系列适应市场经济发展需要和公司发展需要的《岗位工作质量标准》《效绩考核制度》《员工奖惩条例》《值班人员工作制度》《业主回访工作制度》《投诉接待处理制度》《考勤制度》《会议制度》《文件学习落实制度》《效绩考核检查落实制度》《员工培训制度》等近二十多项规章制度，并加大检查落实力度，使各项工作有计划、有方法、有依据、有目的地稳步展开；同时，为了建立完善的内部管理机制，采用“走出去、引进来”的方式，到南京、淮安等物业公司学习参观，在汲取先进管理经验的基础上结合我们的实际情况，对各部门每个管理岗位的职能、作用、工作范围作了明确的划分，从而将各项工作细化到每个人，促进了各岗位的积极性、主动性和创造性，使各级管理人员在工作实践中不断得到锻炼，业务、管理水平不断得到提高。

（4）秩序维护方面

1）在公司和我部门的严格挑选、培训以及公共秩序维护人员的共同努力下，圆满完成了××县房产会、阳光名邸一期、二期开盘及政府领导参观的安全防范和现场维护工作。但随着工作的逐步加深，渐渐暴露出了我公共秩序维护人员的经验不足与缺陷：人员素质过低，专业知识不足等。为此，我部门于今年进行了一场公共秩序维护大革新，实行末尾淘汰制，从而在对队伍内部形成竞争机制。其次我们购置了崭新的公共秩序维护服装。工作的革新使我公共秩序维护员的外在形象上了一个新台阶，从而达到外塑形象，内塑品牌。

2）工地公共秩序维护工作始终贯彻公司领导的外松内紧的方针。因工地现场处地的时间、环境比较特别，我部门严格实行《来访人员登记制》和《车辆进出登记制》以及凭销售人员引领进入制，谢绝参观客户私自进入施工现场，从而在源头上杜绝安全事故的发生，我工地公共秩序维护员在接管1年期间抓获工地盗窃嫌疑人8起，制止偷窃事件多起，驱赶拾荒人员50多起，为公司和施工队挽回了一定的损失。

3）在自身管理方面，我公司公共秩序维护坚持一天一小会，一周一大会，进行交流与检讨。同时，开展专业知识培训。从成立至今，共进行了六十多次专业知识培训，

二次消防知识学习以及长期的军事训练。同时实行严格的公共秩序维护考核办法和工作流程，以及不计名的考评制，奖励优秀队员，扣罚表现较差的队员。

4）在夜间管理方面，我公共秩序维护部严格控制外来流动人员，实行售楼处和工地不定期的巡逻，确保了管理区域内公司财产的安全。

5）车辆管理，因建设初期的施工车辆较多，我们规范和控制来访车辆，引导其按指定区域正确停放，给阳光名邸创造了一个安全、安静、优雅的参观和停车环境。

（5）保洁方面

1）我部门保洁基本上能完成公司交给的任务，认真遵守公司和部门的各项规章制度，严格执行清洁工作规程，全天候清扫销售大厅、卫生间、走廊等。全天候清擦垃圾箱、外墙玻璃、门等，及时清理垃圾，创造了一个干净整洁的环境。

2）我保洁部实行严格的考核办法，同时实行互监制，即公共秩序维护人员监督保洁人员的工作力度，保洁人员也监督公共秩序维护的工作状态。使双方得以互相制约，互相鼓励。也取得了显著的效果。

（6）其他方面

1）完成了阳光名邸的前期物业招投标工作，确立了××物业公司为我项目的中标和管理单位，并与之签订了物业服务合同，为我项目下步工作明确了方向。

2）积极与县房管处、众兴镇物管办等相关上级领导部门的沟通与协调，保持了很好的业务关系，为下步更好地做好阳光名邸物业管理工作奠定了基础。

我们知道，虽然在这短短的一年里我们取得了一些成绩，但我们也深刻地认识到我们的不足，队伍专业性不强、服务方式单一将是我们致命的弱点和缺陷。但我们也明白，这也是我们奋斗的起点，在新的一季度里，我们将通过总结经验、借鉴和学习先进的物业管理的方法来提高自己的专业水平，提升物业管理的品位，满足业主及使用人的要求，实现阳光名邸物业的腾飞。

四、物业服务公司规章制度

1. 规章制度的概念

规章制度是由国家机关、社会团体、企事业单位在一定范围内指定的一种具有法规性和约束力的文件。它是对一定范围内的行为作的规范性的要求，有关人员必须按章办事，共同遵守。

规章制度具有法规性和约束性。规章制度一经制定并公布，就带有法规性质，在一定范围内对人们的行为起规范作用，具有行政约束力。

2. 规章制度的种类

规章制度是一个总称。一般来说，由政府或企事业单位根据实际需要，用行政单位的名义制定公布的，叫做规章制度；由群众公议订立的，叫做公约。物业服务企业的规章制度常见的种类有公约、章程、制度、规定（规则）、守则、办法、细则等。常见的公约有学习公约、班级公约、服务公约、卫生公约、拥军优属公约、拥政爱民公约等。

3. 规章制度的格式和内容

规章制度一般由标题、正文、署名和日期组成。

（1）标题

规章制度的标题，应标明规章制度的种类和规范对象、内容等，写在第一行的正中。规章制度种类不同，标题的写法也不完全一样，归纳起来有五种写法：

1）内容＋种类。如《服务公约》。

2）单位＋种类。如《××物业服务公司章程》。

3）人员＋种类。如《企业职工奖惩条例》。

4）单位＋内容＋种类。如《××物业服务公司服务公约》。

5）公文式。如《北京市关于禁止燃放烟花爆竹的规定》。

如果规章制度在内容上还不够成熟，可以在标题内写明“暂行”“试行”或“草案”等字样。如《高等学校学生行为准则（试行）》。

（2）正文

正文要写清楚规章制度的具体内容，这些内容一般都是分条列出，一个意思一条。正文主要有两种类型：

第一种是章条式的写法，需分章、分条目来写。第一章叫总则，简要说明制定本规章制度的依据、目的和总的要求。以下各章叫分则，说明具体要求执行的事项和办法。分则分章要设小标题，标明本章的主旨。最后一章叫附则，说明本规章制度以及具体实施办法的制定权、修订权、解释权，以及适用对象和生效日期等。适用对象和生效日期也可写在总则内。每章下分若干条，条的序数按整个规章制度统一排列。每条下有时又分若干款，但一般不写“第×款”，只用序码标明。

第二种是条文式的写法。一般适用于内容比较简单的规章制度，只要分条写出规章制度的内容即可，如守则、须知、公约等。有的分三层意思来写，第一层先简单说明订立这项规章制度的目的、意义；第二层分条写出应遵守的事项；第三层补充说明解释权限、生效日期等。也有的把第一层意思作为第一条，接着按序号排列下去，而把第三层意思作为末一条。

（3）署名和日期

制定者的名称和实行日期，一般写在正文结尾后面。已在标题中写明单位名称的，这里就不必重复。有的规章制度是由政府机关随文颁发的，也不再署名。有的规章制度从公布起需要长期施行的可以不写日期。有的随文件颁发，文件上已有日期，也可以不再写。凡要写日期的，就应具体写明年、月、日。

案例

××物业公司门卫工作岗位制度

为了保证小区住户的安全，杜绝各种事故的发生，保证小区工作正常运转，特制定本制度。

一、忠于职守，坚守岗位，尽职尽责，对进出外来人员进行登记，严盘细问，可疑人员和车辆未经批准，禁止入区。

二、加强昼夜值班巡查制度，发现不安全因素要果断处理，自己处理不了的要立即向110报警，并向上级报告，保护事发现场，出现重大问题要依法追究责任。

三、严禁旷工、迟到早退，严格请销假制度，从即日起不休星期天，但在不影响正常工作的前提下可倒班休息。

四、负责区内的公共设施、设备、共用设施设备的看管工作，防止丢失现象发生，属于责任问题依照内部管理办法进行处理。

五、实行三人倒班制，做到昼夜24 h不断人。

六、本小区住户什么时候叫门及时开门，禁止私自给住户和其他人员配发钥匙。

七、严格禁止与外来闲杂人员在门岗或门卫室聊天闲谈，除领导临时指定替换，不准门卫人员私自用任何人顶替值班。

八、严格交接班制度，交班前交班人员一定要把当天值班情况认真记录清楚，双方签名，注明日期。

九、负责门岗大门口到公路卫生区的环境卫生，不得堆积杂物和垃圾。必须经常打扫，保持干净、整洁。门洞内禁止住户停放车辆，外来车辆一律停在大门外，禁止小商贩入内。

十、雨天扫净门洞内积水，雪天全部上岗打扫辖区内积雪，如雪天无故不到，按处罚办法处理。

十一、做好安全预防事故宣传教育工作，与其他同志一道，相互团结，密切配合，服从领导，共同把小区的安全保卫工作做好。

十二、完成领导临时安排的其他工作。

十三、实行奖惩制度，一年内不出现丢失现象和其他事故，每人奖200元。

以上制度值班人员共同遵守，自2011年9月15日起施行。

五、物业服务合同

合同是当事人或当事双方之间设立、变更、终止民事关系的协议。依法成立的合同，受法律保护。广义合同指所有法律部门中确定权利、义务关系的协议。狭义合同指一切民事合同。还有最狭义合同仅指民事合同中的债权合同。《中华人民共和国民法通则》第八十五条：合同是当事人之间设立、变更、终止民事关系的协议。依法成立的合同，受法律保护。《中华人民共和国合同法》第二条：合同是平等主体的自然人、法人、其他组织之间设立、变更、终止民事权利义务关系的协议。婚姻、收养、监护等有关身份关系的协议，适用其他法律的规定。

1. 物业服务合同的含义

物业服务合同是业主或业主委员会与物业企业之间订立的明确双方权利义务关系的协议。我国物业服务合同的类型包括两种：

一种是前期物业服务合同，另一种是普通物业服务合同。

前期物业服务合同，是指在业主、业主大会选聘物业服务企业之前，建设单位与其选聘的物业服务企业订立的物业服务合同，它是一个过渡合同，存在于业主大会成立并选聘物业服务企业之前的过渡期间。当业主或者业主委员会另行订立物业服务合同后，前期物业服务合同即终止。

普通物业服务合同，是指业主通过选聘物业服务企业对房屋及配套的设施设备和相关场地进行维修、养护、管理并维护相关区域内的环境卫生和秩序，由业主支付费用的合同。

2. 物业服务合同的特征

（1）物业服务合同是有偿的。业主不但应付物业服务企业在处理委托事务中的必要费用，还应支付物业服务企业一定的管理酬金，这是物业服务企业为组织物业服务而取得的报酬。

（2）物业服务合同的订立是以当事人相互信任为前提的。任何一方通过利诱、欺诈、蒙骗等手段签订的合同，一经查实，可依法起诉，直至解除合同关系。

（3）物业服务合同的内容必须是合法的，应体现当事人双方的权利、义务的平等与一致，并不得与现行物业管理法规相抵触。否则，合同将不受法律保护。

（4）物业服务合同既是诺成合同又是双务合同，诺成合同即指当事人意思表示一致即告成立的合同。而虽当事人意思表示一致，但还需交付标的物，合同才能成立的，称为实践合同。物业服务合同自双方达成协议时即合同成立，故为诺成合同，而且委托人和受托人双方都负有义务，故为双务合同。

（5）物业服务合同实现了所有权与管理权的分离。现代社会高速发展，要求实现社会化大分工，每个人精通自己行业的专业技术。物业服务企业拥有专门的物业管理技能，行使管理权。业主是物业的所有人，对物业服务公司进行监督。

3. 物业服务合同的格式及内容

物业服务合同一般由首部、正文和尾部组成。

（1）首部

包括：合同名称；合同编号；订约日期；订约地点；订约当事人的名称、住所；订约理由。

（2）正文

包括：物业基本情况；委托管理事项；委托管理期限（合同期限）；双方权利义务；物业服务质量；物业服务费；违约责任；争议的解决；其他条款。

（3）尾部

包括：订约日期；合同生效的日期；当事人的签字或盖章；合同的份数。

案例

本合同双方当事人

委托方（以下简称甲方）：业主委员会/房地产开发公司

受委托方（以下简称乙方）：物业服务企业

根据《中华人民共和国经济合同法》、建设部第33号令《城市新建住宅小区管理办法》《深圳经济特区住宅区物业管理条例》及其实施细则等国家、地方有关物业管理法律、法规和政策，在平等、自愿、协商一致的基础上，就甲方委托乙方对 （物业名称）实行专业化、一体化的物业管理订立本合同。

第一条 物业基本情况

坐落位置： 市 区 路（街道） 号；占地面积： 平方米；建筑面积： 平方米；其中住宅 平方米；物业类型：（住宅区或组团、写字楼、商住楼、工业区、其他/低层、高层、超高层或混合）。

第二条 委托管理事项

（1）房屋建筑本体共用部位（楼盖、屋顶、梁、柱、内外墙体和基础等承重结构部位、外墙面、楼梯间、走廊通道、门厅、设备机房）的维修、养护和管理。

（2）房屋建筑本体共用设施设备（共用的上下水管道、落水管、垃圾道、烟囱、共用照明、天线、中央空调、暖气干线、供暖锅炉房、加压供水设备、配电系统、楼内消防设施设备、电梯、中水系统等）的维修、养护、管理和运行服务。

（3）本物业规划红线内属物业管理范围的市政共用设施（道路、室外上下水管道、化粪池、沟、渠、池、井、绿化、室外泵房、路灯、自行车房棚、停车场）的维修、养护和管理。

（4）本物业规划红线内的属配套服务设施（网球场、游泳池、商业网点）的维修、养护和管理。

（5）公共环境（包括公共场地、房屋建筑物共用部位）的清洁卫生、垃圾的收集、清运。

（6）交通、车辆行驶及停泊。

（7）配合和协助当地公安机关进行安全监控和巡视等保安工作（但不含人身、财产保险保管责任）。

（8）社区文化娱乐活动。

(9) 物业及物业管理档案、资料。

(10) 法规和政策规定由物业服务企业管理的其他事项。

第三条　合同期限

本合同期限为　年。自　年　月　日起至　年　月　日止。

第四条　甲方的权利和义务

(1) 与物业服务企业议定年度管理计划、年度费用概预算、决算报告。

(2) 对乙方的管理实施监督检查，每年全面进行一次考核评定，如因乙方管理不善，造成重大经济损失或管理失误，经市政府物业管理主管部门认定，有权终止合同。

(3) 委托乙方对违反物业管理法规政策及管理规约的行为进行处理：包括责令停止违章行为、要求赔偿经济损失及支付违约金，对无故不缴交有关费用或拒不改正违章行为的责任人采取停水、停电等催缴催改措施。

(4) 甲方在合同生效之日起　日内按规定向乙方提供经营性商业用房　平方米，由乙方按每月每平方米　元标准出租经营，其收入按法规政策规定用于补贴本物业维护管理费用。

(5) 甲方在合同生效之日起　日内按政府规定向乙方提供管理用房　平方米（其中办公用房　平方米，员工宿舍　平方米，其他用房　平方米），由乙方按下列第　项使用：

1) 无偿使用。

2) 按每月每平方米建筑面积　元的标准租用。

(6) 甲方在合同生效之日起一日内按规定向乙方提供本物业所有的物业及物业管理档案、资料（工程建设竣工资料、住用户资料），并在乙方管理期满时予以收回。

(7) 不得干涉乙方依法或依本合同规定内容所进行的管理和经营活动。

(8) 负责处理非乙方原因而产生的各种纠纷。

(9) 协助乙方做好物业管理工作和宣传教育、文化活动。

(10) 法规政策规定由甲方承担的其他责任。

第五条　乙方的权利和义务

(1) 根据有关法律、法规政策及本合同的规定，制定该物业的各项管理办法、规章制度、实施细则，自主开展各项管理经营活动，但不得损害大多数业主（住用户）的合法权益，获取不当利益。

(2) 遵照国家、地方物业管理服务收费规定，按物业管理的服务项目、服务内容。服务深度，测算物业管理服务收费标准，并向甲方提供测算依据，严格按合同规定的收费标准收取，不得擅自加价，不得只收费不服务或多收费少服务。

(3) 负责编制房屋及附属设施、设备年度维修养护计划和大中修方案，经双方议定后由乙方组织实施。

(4) 有权依照法规政策、本合同和管理规约的规定对违反业主公约和物业管理法规政策的行为进行处理。

(5) 有权选聘专营公司承担本物业的专项管理业务并支付费用，但不得将整体管理责任及利益转让给其他人或单位，不得将重要专项业务承包给个人。

(6) 接受物业管理主管部门及有关政府部门的监督、指导，并接受甲方和业主的监督。

(7) 至少每3个月向全体业主张榜公布一次管理费用收支账。

(8) 对本物业的共用设施不得擅自占用和改变使用功能，如需在本物业内改扩建完善配套项目，须报甲方和有关部门批准后方可实施。

(9) 建立本物业的物业管理档案并负责及时记载有关变更情况。

(10) 开展有效的社区文化活动和便民服务工作。

(11) 本合同终止时，乙方必须向甲方移交原委托管理的全部物业及其各类管理档案、财务等资料；移交本物业的公共财产，包括物业服务、公共收入积累形成的资产；对本物业的管理财务状况进行财务审计，甲方有权指定专业审计机构。

(12) 不承担对业主及非业主使用人的人身、财产的保管保险义务（另有，专门合同规定除外）。

第六条 管理目标

乙方根据甲方的委托管理事项制定出本物业“管理分项标准”（各项维修、养护和管理的工作标准和考核标准），与甲方协商同意后作为本合同的必备附件。乙方承诺，在本合同生效后年内达到的管理标准；年内达到管理标准，并获得政府主管部门颁发的证书。

第七条 物业服务费用

(1) 本物业的物业服务费按下列第 项执行：

1) 按政府规定的标准向业主（住用户）收取，即每月每平方米建筑面积 元。

2) 按双方协商的标准向业主（住用户）收取，即每月每平方米建筑面积 元。

3) 由甲方按统一标准直接支付给乙方，即每年（月）每平方米建筑面积 元；支付期限： ；方式： 。

(2) 物业服务费标准的调整按下列第 项执行：

1) 按政府规定的标准调整。

2) 按每年 %的幅度上调。

3) 按每年 %的幅度下调。

4) 按每年当地政府公布的物价涨跌幅度调整。

5) 按双方议定的标准调整。

(3) 乙方对物业产权人、使用人的房屋自用部位、自用设备的维修养护，以及其他特约服务，采取成本核算方式，按实际发生费用计收；但甲方有权对乙方的上述收费项目及标准进行审核和监督。

(4) 房屋建筑（本体）的共同部位及共用设施设备的维修、养护与更新改造，由乙方提出方案，经双方议定后实施，所需经费按规定在房屋本体维修基金中支付。房屋本体维修基金的收取执行市政府物业管理主管部门的指导标准。甲方有义务督促业主缴交上述基金并配合维护。

(5) 本物业的共用设施专用基金共计　元，由甲方负责在　时间内按法规政策的规定到位，以保障本物业的共用配套设施的更新改造及重大维护费用。

(6) 乙方在接管本物业中发生的前期服务费用　元，按下列第　项执行：

1) 由甲方在本合同生效之日起　日内向乙方支付。

2) 由乙方承担。

3) 在　费用中支付。

(7) 因甲方责任而造成的物业空置并产生的服务费用，按下列第　项执行：

1) 由甲方承担全部空置物业的服务成本费用，即每平方米建筑面积每月　元。

2) 由甲方承担上述服务成本费用的　%。

第八条　奖惩措施

(1) 乙方全面完成合同规定的各项管理目标，甲方根据实际情况，对乙方进行奖励。

(2) 乙方未完成合同规定的各项管理目标，甲方根据实际情况，对乙方进行处罚。

(3) 合同期满后，乙方可参加甲方的管理招投标并在同等条件下优先获得管理权，但根据法规政策或主管部门规定被取消投标资格或优先管理资格的除外。乙方全部完成合同责任并管理成绩优秀，多数业主反映良好，可以不参加招投标而直接续订合同。

第九条　违约责任

(1) 如因甲方原因，造成乙方未完成规定管理目标或直接造成乙方经济损失的，甲方应给予乙方相应补偿；乙方有权要求甲方限期整改，并有权终止合同。

(2) 如因乙方原因，造成不能完成管理目标或直接造成甲方经济损失的，乙方应给予甲方相应补偿。甲方有权要求乙方限期整改，并有权终止合同。

(3) 因甲方房屋建筑或设施设备质量或安装技术等原因，造成重大事故的，由甲方承担责任并负责善后处理。因乙方管理不善或操作不当等原因造成重大事故的，由乙方承担责任并负责善后处理（产生事故的直接原因，以政府有关部门的鉴定结论为准）。

(4) 甲、乙双方如有采取不正当竞争手段而取得管理权或致使对方失去管理权，或造成对方经济损失的，应当承担全部责任。

第十条　其他事项

(1) 双方可对本合同的条款进行修订、更改或补充，以书面签订补充协议，补充协议与本合同具有同等效力。

(2) 合同规定的管理期满，本合同自然终止，双方如续订合同，应在该合同期满六个月前向对方提出书面意见。

(3) 本合同执行期间，如遇不可抗力，致使合同无法履行时，双方均不承担违约责任并按有关法规政策规定及时协商处理。

(4) 本合同在履行中如发生争议，双方应协商解决，协商不成时，提请物业管理主管部门调解，调解不成的，提交深圳市仲裁委员会依法裁决。

(5) 本合同之附件均为合同有效组成部分；本合同及其附件内，空格部分填写的文字与印刷文字具有同等效力。

本合同及其附件和补充协议中未规定的事项，均遵照中华人民共和国有关法律、法规和政策执行。

(6) 本合同正本连同附件共一页，一式三份，甲、乙双方及物业管理主管部门（备案）各执一份，具有同等法律效力。

(7) 本合同自签订之日起生效。

甲方签章：　　　　乙方签章：

法人代表：　　　　法人代表：

年　月　日　　　　年　月　日

思考与练习

1. 什么是规章制度？请拟写一份员工绩效考核制度。
2. 什么是物业服务合同，前期物业服务合同和普通物业服务合同有何区别？
3. 简述物业服务合同的特征。
4. 分别撰写停水通知和缴费通知。
5. 以物业客户服务的岗位撰写每日工作计划和总结。

第 2 节　物业档案管理

档案资料对于一个物业公司来说，是一笔十分宝贵的财富。物业公司根据档案资料能提供有针对性的服务，减少业主投诉的概率，提高物业公司的信誉，必须重视档案管理在物业日常工作中的重要性。

一、物业档案概述

1. 物业档案的概念

物业管理工作形成的文件主要有两大部分，即物业服务公司日常运作形成的普通管理文件和物业管理实际操作接收和形成的多种专业性文件。这些文件完成了现行功能之后，就过渡为物业档案。

物业服务公司日常运作形成的普通管理文件包括行政管理文件、人事管理文件、财务管理文件等。

物业管理处接收的专业性文件包括承接查验时接收房屋的建筑工程资料、设备和产权资料；形成的专业性文件包括住户入住后不断形成并补充的业主（住用人）资料；常规物业管理过程中形成的物业维修文件、物业租赁文件和管理服务文件；物业服务企业开办多种经营活动形成的经营管理文件等。

但是，物业管理工作中可能出现的文件并不都是物业档案，对照档案法对档案的规定，物业档案可以定义为：国家机构、社会组织和个人从事物业管理活动时直接形成的对国家和社会有价值的各种文字、图表、声像等不同形式的历史记录。

2. 物业档案的分类

随着物业管理的不断发展和完善，物业档案的种类也不断增加，但总的来看，物业档案基本上可分为两大部分：一部分是物业公司日常运作形成的普通档案，包括党群工作档案、行政管理和经营管理档案、基建档案、设备档案、会计档案、人员档案、科研档案、声像档案、荣誉档案等；另一部分是基层物业管理处日常运作形成的物业管理专门档案，包括物业清册、物业维修档案、物业租赁档案、业主及住户档案、物业管理服务档案等。

（1）党群工作档案。是物业服务公司开展党委、工会、团委工作时形成的各类文件材料。

（2）行政管理和经营管理档案。这是物业服务公司在日常公务活动、内部管理工作及开展经营活动中形成的档案。

（3）基建档案。是指在各种建筑物、地上地下管线等基本建设工程的规划、设计、施工和使用维修活动中形成的科技档案。对物业服务公司来说，主要是指在承接查验开发建设单位移交的新建物业或承接查验已经投入使用的原有物业时所收到的文件、图纸材料，以及在以后的物业管理活动中对物业进行较大规模的改建、扩建、维修、养护时所形成的文件、图纸材料。

（4）设备档案。是指作为物业服务公司固定资产的机器设备、仪器仪表等的档案。包括有关车辆、通信设备、复印机、计算机等的说明书、安装维修记录等的文件、图纸材料。

（5）会计档案。是指物业服务公司在经济管理和各项会计核算活动中直接形成的作为历史记录保存起来的文件材料。包括会计凭证、会计账簿、会计报表等。

（6）人员档案。是指物业服务公司在人事管理活动中形成的，记述和反映本公司员工各方面情况的档案。

（7）科教档案。主要是指物业服务公司对员工进行岗位培训等继续教育所形成的档案。

（8）物业管理专门档案。是指在开展具体的物业管理活动中形成的，反映物业状况、业主和住户变迁以及物业管理部门的管理、服务、经营活动情况，具有查考利用价值的各种形式的文件材料。

1）物业清册。全面反映所有物业单元的自然状况及权属状况的文件材料。

2）物业维修档案。物业中各单元在进行维修时所产生的一系列文件材料。对于整栋大楼或公共设施的维修养护所形成的文件材料属于基建档案。

3）物业租赁档案。物业管理部门在开展租赁业务时所形成的原始的文件材料。

4）业主及住户档案。反映物业中各单元的业主及住户的具体情况的文件材料。

5）物业管理服务档案。物业管理部门在开展绿化、环卫、保安、车辆管理等管理工作及为住户提供委托服务、开展经营活动时所产生的文件材料。

3. 物业档案的特征

物业档案与其他类型档案相区别的主要部分就是物业管理专门档案，因此，物业管理专门档案和其他档案相比较，有如下特点：

（1）形成领域较为局限。物业管理工作，它涉及的方面很具体：管理的对象是物业，服务的对象是物业的业主或住用人。因此，在物业管理活动中形成的物业管理专门档案的文件材料，也必定只能形成于与物业有着密切联系的领域。

（2）档案的动态性较强。有关物业的情况通常不会是一成不变的。物业可能需要进行维修、养护，业主可能因物业的买卖、交换、继承等权属变更而变更，住用人更有可能因租赁关系的改变而频繁变动，因此，相对应的物业及人的文件材料也要不断地添加到档案中去，从而形成物业管理专门档案的一个显著特点——动态性较强。

（3）组成档案的文件材料较为稳定。物业管理工作虽然烦琐但并不复杂，每一项物业管理活动在走上正轨后就按照一定的程序重复进行，因此，所形成的档案的文件材料也比较稳定，且常常具有统一的规格样式。物业管理专门档案文件材料的稳定性使得物业档案开展标准化管理和计算机管理具备了最基本的条件。

（4）档案的完整性。物业管理专门档案是以一个物业单位为对象组织案卷的，该物业不管发生何种变化，所产生的文件材料都须添加进去，因此，每一份档案案卷都是一个有机的整体，全面反映了一个物业单位的变迁过程，体现出一种完整性。

（5）和人们的日常生活息息相关。物业管理活动是围绕人们的日常生活而开展的，没有哪一种档案会像物业档案这样与人们的日常生活有着如此密切的联系。许多档案如机关文书档案、审计档案、诉讼档案等在归档以后通常就较少被利用，因为人们的日常生活很少会涉及这些档案，而物业档案则会随着物业的装修、租赁、再装修、再租赁等活动的需要而不断地被调阅。

（6）公开性和隐秘性并存。物业档案和某些档案如产权档案、人事档案相比，具有一定的公开性，因为物业档案记录着有关物业及对物业进行管理的情况，这部分档案内容对与本物业有关的所有人员来说都是公开的，像物业的维修档案，有关绿化、环卫、保安的档案等。但物业档案又具有一定的隐秘性，因为它也包含着大量的隐私内容和一定的公司机密，这部分档案内容是不便于公开的，如住户的个人资料、物业中各个单元的产权资料、公司的重大决策等。

4. 物业档案的作用

物业管理档案最重要的内容是物业管理专门档案，它包括两个部分：一部分是物业本身的档案，包括开发建设成果的记录和物业公司接管后对物业进行维修养护和更新改造情况的记录；另一部分是物业业主和住用人的档案，包括业主、住户的姓名、家庭成员情况、工作单位、联络电话或地址、租金、管理费缴交情况等。物业管理档案的作用主要体现在这两部分档案上。

（1）物业本身的档案是物业管理中维修养护、更新改造所必不可少的重要依据。日新月异的科学技术发展和人们对居住需求的不断提高，使现代建筑工程进入地下和埋入建筑体内部的管线、设施越来越多，越来越复杂。这些工程一旦发生故障，物业本身的档案就是宝贵的财富。它可以使物业的维修、养护工作事半功倍，省时省力并减少对住户的影响。因此，开发建设单位应该将开发建设的物业档案材料在移交物业管理时同时移交给物业服务企业；更换物业服务企业时，原物业服务企业也应该将物业开发建设的档案材料和在物业管理中维修养护、更新改造的物业档案材料向新的物业服务企业移交。

（2）物业业主和住用人档案是物业服务公司开展管理服务的前提和基础。通过这部分档案，物业服务公司可以全面了解物业业主和住用人的情况和需求，从而为物业业主和住用人提供各种有针对性的服务和开展适当的经营活动。例如，当从档案中了解到住用人大部分是工作繁忙的高收入阶层时，可以提供清洁家居、代洗衣服、汽车清洗养护等服务；若住用人主要是普通工薪阶层时，可考虑提供电器维修服务，适当兴建几个自行车保管站等；而如果住用人中老人较多，则可开设“老人活动室”等场所。这样，可以减少服务的盲目性，提高管理工作的效率，增加经营活动的收入。因此，物业公司在业主购房时或住用人租房时就应该掌握物业业主和住用人的第一手资料，在住用人入住后应迅速将物业使用人的档案材料补充完善，并且在物业管理工作过程中不断进行积累。当更换物业公司时，原物业公司应该将物业业主和住用人的资料完整地向新的物业公司提供。

（3）物业档案具有一定的凭证作用。物业档案是物业管理活动中形成的真实原始记录，因此它和其他档案一样，也具有凭证作用。比如安全监控录像档案，它真实地记录着某时某刻有何人进出过某幢大楼，当有必要查询当时该幢大楼的出入情况时，安全监控录像档案就是最有力的凭证。

（4）物业档案是开展物业管理研究的基本统计素材。随着物业管理的不断发展和完善，对物业管理的研究工作也正在逐步开展。由于物业档案系统而翔实地记录着物业管理活动近年来方方面面的情况和数据，其准确性和真实性远远超过通过社会问卷调查得来的结果，因此，物业档案就成为物业管理研究素材的基本来源。例如，通过全面查阅分析某一住宅小区的租赁档案，可以了解该小区近年来的租赁情况，包括租金走势、价位、租赁人群的特征及对租赁房屋朝向、楼层、面积大小的喜好等，从而总结出进一步拓展该小区租赁市场的经验和对策。

当然，物业档案中普通档案的作用也是不可低估的，它是物业服务公司日常工作开展的忠实记录，其凭证和查考作用是公司正常运作的基本保证。

二、物业管理档案的建立

1. 收集物业资料

物业档案的收集，就是按照物业管理的有关规定，依据物业管理档案归档范围，通过一定的方法将物业管理机构各部门和个人手中有保存价值的档案（包括文字、图表、录音、录像、磁盘等）集中到物业档案管理机构的过程。

资料收集的关键是准确、完整，多种体裁形式相互补充。所谓完整是指从时间上讲应自始至终，囊括从物业的规划设计到售后服务的全部管理资料；从空间上讲应涵盖物业构成的各个方面，大到房屋本体、共用设备，小到一草一木；从地下到楼顶、从主体到配套、从建筑物到环境等都应有详细的资料收集。因此，在收集时应扩大信息资料的收集渠道，同各单位、单位内各部门、有关的工作人员以致社会各界人士进行直接接触，从时间和来源两方面对资料进行收集。

（1）从时间方面，应收集的物业管理各阶段的档案资料有：

1）设计规划阶段信息。土地购买合同、土地使用证等权属证书；规划许可证、建筑许可证、预售许可证等各类项目批准证书；建筑图、施工图、施工组织设计等图纸文件。

2）施工及验收阶段信息。竣工图；竣工工程项目一览表；设备技术清单；设备技术手册；设备安装调试记录；土建施工记录；建筑物监测记录；隐蔽工程的验收记录；工程事故发生及处理记录；图纸会审记录、设计变更通知和技术审核单；项目的重要技术决定和文件；验收计划和验收会议纪要；验收记录；返修记录；验收总结报告。

3）委托管理阶段信息。委托管理招标文件；物业管理投标文件；物业服务合同。

4）招商阶段。招租物业的平面图纸；招租许可证及委托书；租金及物业服务测算书；租赁合同；广告策划资料。

5）用户入住信息。入住通知书、住户须知；用户资料（包括业主及使用人）；管理规约；签订有关协议，如消防安全协议书、装修责任书等；用户手册；用户进户验收表；用户进户交费单；用户进户的水、电、燃气表初始读数登记单。

6）日常管理信息。业主、租户变动、更换情况；各部门工作（操作）规范、管理制度；各部门工作记录；大、中、小修记录；维修承包合同及预决算；保安、清洁、绿化等项目的承包合同资料；用户来往信件、投诉及处理资料；年度工作计划、总结、报告；人事档案；保险资料；法律法规及政府有关文件；财务报表、工资报表、管理费、租金收缴凭证等资料。

（2）从来源方面，应收集的物业管理档案资料有：

1）物业的承接查验材料。在物业竣工时开发商与设计单位、施工单位积极合作，力争全面、准确地收集到工程建设的产权及工程技术资料等原始资料，这样才能保证物业管理承接查验时，物业服务企业从开发商手中得到完整的资料：

房产资料。包括房屋、设备及其附着物清单、清册及表格。

技术资料。包括竣工图、地质勘察报告、工程预决算书、图纸会审记录、竣工验收证明书、总平面图、平面图、房屋及设备使用技术资料。

接管资料。包括验收合格凭证、物业完好情况、接管文件。

2）住户（租户）入住、装修材料。装修申请表、入住通知书、住户家庭情况登记表、房屋交接单、住户入住合约、身份证明材料。

3）物业日常管理资料。在日常管理中建立和收集房屋维修档案、设备运行档案、投诉与回访记录等以及其他相关资料，并将档案的收集形成制度化。

4）物业租赁材料。租赁合同、租赁审批材料、物业权属证明材料、房屋安全鉴定材料、同意出（转）租文件、委托书、公证书、证明、报告、分户图。

5）物业维修材料。维修审批表、修缮图纸、验收合格证明、修缮工程许可证、工程预决算表、安全鉴定书、材料单。

6）物业行政管理、党群工作材料。公司组织沿革、党支部会议文件、党政领导办公会议文件、公司机构设置文件、党政工作计划、总结、党员花名册、团支部会议文件、共青团工作计划总结、团支部建设文件、团支部成立及活动文件、团组织关系调动介绍文件。

7）物业经营管理材料。公司经营发展文件、小区管理文件、小区建设文件、合资合作文件。

8）物业财务管理材料。有关公司财会的政策性文件、公司财会明细文件、财会工作计划总结、成本预决算文件、财务会议文件。

9）物业人员管理材料。公司人员设置、调配、变迁文件、人事劳资文件、技术职称文件、教育培训文件。

10）物业设备仪器管理材料。设备设施购买、安装、使用、维修、报毁文件。

11）物业公司或个人参加各种活动材料。奖状、奖旗、奖杯、证书、纪念品。

2. 物业资料的整理

收集后的所有信息，统一由档案室集中整理。整理的重点是去伪存真，根据档案的来源、信息的内容、信息的表现形式等特点进行细分，做到条理清晰、分类合理，便于查阅。

物业档案资料分类的方法很多，通常有年度分类法、组织分类法、地区分类法、文件名称分类法等。根据物业服务企业的特点，可以按部门、内容、文件档案的连贯性进行分类。

（1）按部门工作内容分类

1）办公室。上级文、公司内部文、管理合同、人事档案、物业权属资料、物业保险合同、公司内部规章制度、计划总结报告等。

2）工程部。工程图纸档案、工程招投标文件、工程承包合同、设备档案、设备维护记录、设备运行记录、绿化养护技术资料等。

3）经营服务部。市场调查资料、租赁合同、租赁申请书、客户迁入迁出核查表、广告策划资料、客户投诉记录和来往信件等。

4）财务部。各类凭证、账册、报表、财务预决算报告等。

5）管理部。建立巡逻检查记录、门卫登记记录、保洁管理、停车场管理资料等。

(2) 按管理内容分类

1）基础管理。工程建筑产权资料、工程技术资料、承接查验资料、管理合同资料、业主委员会资料、专项维修资金资料、管理目标资料、物业管理制度资料、员工管理资料、行政文件资料、客户资料、维修材料等。

2）房屋管理及维修养护。标识、导示资料、房屋安全管理资料等。

3）共用设备管理。综合管理制度、供电系统、弱电系统、消防系统、电梯系统、给水排水系统、空调采暖系统、共用配套设施资料、共用管线资料、照明设施等。

4）安全管理。治安管理资料、消防管理资料、车辆及停车场管理资料。

5）环境卫生管理。污染防治资料、环境设施资料、清洁卫生资料、绿化资料等。

6）精神文明建设。社区文化资料，包括社区活动计划方案、总结记录、社区文化活动图片及录像；文化活动场所等设施使用情况等。

7）管理效益。经济效益包括物业服务费用收缴统计表、物业服务整体经营项目统计表、社会效益包括物业管理项目所获取的荣誉称号、媒体相关报道等。

(3) 按文件、档案的连贯性分类

考虑到实际工作中，文件资料、档案不做严格区分，可以照顾从文件到档案的连贯性，进行分类：

1）产权与工程技术资料。住宅区规划图纸、项目批文、用地批文、建筑许可证、拆迁安置资料、红线图、竣工总平面图、地质勘察报告、开竣工报告、图纸会审报告、工程合同、工程预决算、工程设计变更通知、竣工图、竣工验收证明、主要材料质量保证书、设备检验合格证及技术资料、砂浆及混凝土试压报告、出售房屋的产权范围或成本核算清单、共用设施设备及公共场地清单等。

2）客户档案。购房合同及身份证复印件、入伙通知书、入伙手续书、管理规约、验房登记表、业主详细资料登记表、家庭成员登记表、业主房屋维修档案。

3）装修档案。装修申请表、装修责任书、施工企业资质证明、装修人员登记表、装修设计平面图、装修竣工图。

4）维修资料。维修申请记录、回访记录、维修派工单、共用设施巡检记录。

5）治安交通管理资料。日常巡查记录、交接班记录、值班记录、巡逻路线、日常抽检记录、查岗记录、闭路电视监控系统录像带、搬入搬出记录、突发事件处理记录、车辆管理记录。

6）设备设施管理资料。共用设备设施维修保养计划及维修保养记录、共用设备设施台账及更新记录、共用设备运行及巡查记录。

7）绿化清洁资料。清洁及班检、周检记录、绿化及周检记录、消杀病虫害记录等。

8）社区文化资料。社区文化活动计划及实施情况记录、社区文化活动图片及录像等记录、媒体报道资料、文化活动场所、设施台账及使用记录等。

9）员工管理资料。员工个人资料、聘用记录、业绩考核及奖惩记录、培训计划、培训档案、考核记录、员工晋升、薪酬变动等资料。

10）业主反馈。服务质量回访记录、业主意见统计、调查记录、业主投诉处理记录等资料。

11）行政文件资料。公司值班及抽检记录、财务记录、政府公文、企业内部文书等资料。

12）业主大会和业主委员会资料。筹备成立及其日后运行的文件资料。

三、物业管理档案的管理

1. 资料归档管理

归档是指将物业管理机构及个人在物业管理过程中形成、积累的有保存价值的文件材料，由业务部门整理立卷，定期交本单位档案室归档集中管理的过程。

物业档案资料可以采用多种形式的文档储存方式，便于原始档案的保存。资料的形成是多种多样的，包括：载体形式——纸张、磁带、胶片、磁盘等；信息记录形式——手写、印刷、摄影、录音、摄像等；信息表达形式——图、档、卡、册、表、计算机软件、声像材料等。

档案组卷时应按不同业务性质编号、造册、编辑、分柜保存，并充分运用计算机等先进的管理手段，做到“十清”，即物业来源清、物业数量清、物业质量清、物业价值清、结构类型清、设备设施清、绿化苗木清、租金费用清、使用情况清、维修更新情况清。

2. 档案使用管理

（1）建立网络系统，充分发挥档案的储存和使用价值。一是物业服务企业内部各科室联网，运用现代化的办公手段，对文件进行分级管理；与业主或使用人联网，所有的管理资料如装修资料、物业使用状况等，随时可以查阅，便于工作监督和检查。

（2）对借阅重要的资料，必须严格管理。按档案的不同密级程度由单位负责人批准后方可借阅，并办理借阅手续。

（3）建立目录方便查询。所有的物业进行分类分册建立目录，以便存档和检索。

3. 档案的保管

物业档案保管是指采用一定的技术设备、措施和方法，对物业档案实行科学保管和保护，防止和减少物业档案的自然或人为损毁的工作，以维护物业档案的完整与安全，有效地延长物业档案的寿命。

档案保管的工作内容，主要包括三个方面：一是档案室管理，即档案室内档案科学管理的日常工作；二是档案流动过程中的保护，即档案在各个管理环节中一般的安全防护；

三是保护档案的专门措施，即为延长档案的寿命而采取的诸如复制和修补等各种专门的技术处理。这三个方面的工作，有的要与收集、整理和利用等工作的有关业务项目同时进行，有的需单独组织进行。因此，档案的保管，既是整个档案管理业务的一个方面，又是一个相对独立的环节。

物业档案保管工作的基本原则：一是分类保管；二是以保护为宗旨，以利用为目的；三是以防为主，防治结合。

保存档案的环境应干燥、通风、清洁，做到防火、防盗、防光、防尘、防潮、防鼠、防有害气体、防虫“八防”要求。

4. 档案的销毁

根据文档的保存期限和性质，定期对过期和作废的文档进行剔除和销毁，防止档案的堆积和混淆。对于已过存档期的档案经主管领导批准可销毁，同时应建立已销毁文档清单备查。

四、电子档案的管理

1. 电子档案的概念和特点

（1）电子档案的概念

电子文件是以代码形式记录于磁盘、光盘等载体，依赖计算机系统存取并可在网络上传输的文件。将电子文件归档后即形成电子档案。电子档案的全部信息是以数字式代码加以存储的，信息的编码和解码过程都由计算机完成，利用时须借助计算机等设备转换成原有的文字或图像形态，因此人们也将电子档案称“数字式档案”。

（2）电子档案的特点

电子档案与以往各种载体的档案一样都是人类社会活动的记录，但它在记录方式上有许多不同于其他载体档案的特点，主要有：信息的非人工识读性；信息存储的高密度性；信息与载体之间的可分离性；多种信息媒体的集成性；系统依赖性。

2. 电子档案管理的原则

（1）实行全过程管理。为确保电子文件及电子文档的原始性、完整性、有效性和安全性，必须对电子文件的形成、收集、积累、鉴定、整理、归档及归档后形成电子档案的管理、开发利用等实行全过程管理，以确保电子文件至电子档案管理工作的连续性。

（2）确保电子文件归档的质量。为了保证电子档案的质量，应根据电子文件的具体情况，明确电子文件的归档时间和归档范围、归档要求和处置方法。对于具有永久保存价值的电子文件，归档时必须将与电子文件同时制成的纸质拷贝件一并归档。

（3）建立健全电子文档管理的规章制度。应不断对电子文件和电子档案管理人员进行教育，提高他们的事业心。忠于职守的品质，认真负责的精神是从源头上保证电子文件与电子档案的真实性、安全性的关键措施。此外，建立电子文件全过程管理制度，明确责任和要求，保证管理工作的连续性，随时将需要保留的信息记录下来，这样才能成为证实电子文件和电子档案真实性的有效数据。

思考与练习

1. 简述物业管理档案的特征。

2. 物业承接查验阶段，物业档案应收集哪些资料？

3. 物业委托管理阶段的档案应收集哪些资料？

4. 电子档案具有哪些特点？

5. 参观物业公司，了解物业公司档案管理工作的业务流程，采集物业档案常用的制式单据，并以学校家属区为调研对象，填写相关档案数据信息。

第八章　物业综合经营管理与社区文化建设

第 1 节　物业综合经营管理

开展物业综合服务是在物业管理的常规性服务之外、基于业主实际生活和工作的需要对物业服务企业提出的更高要求，不仅为物业服务企业增加收入，而且提高了物业服务企业的经营管理水平。

一、物业综合经营服务的含义和特点

1. 物业综合经营服务的含义

物业综合经营服务是指与房屋楼宇及住宅小区的住（用）户生活、工作、生产相配套的一些经营服务，包括商业网点、文化教育、卫生、娱乐、体育等公共设施的建立、开设和经营，以及为方便住（用）户生活而开展的多种特约便民和经营服务。

2. 物业综合经营服务的特点

（1）服务消费的连锁性

综合经营服务的内容往往是相互关联、相互补充的，业主和使用人对服务消费的需求在时间上和空间上又常常是相互衔接的，这样就有可能由一种消费引来另一种消费。例如，在为用户提供装修服务的同时，必然紧跟着垃圾清运服务；用户在接受车场服务的同时，必然会有洗车服务的要求等。

（2）服务对象欲望需求的不可替代性

在业主和使用人中，客观上存在着社会地位、年龄、健康状况、经济收入，以及种族、国籍、宗教文化、职业个性、生活方式等多方面的层次差别。这些层次差别使得服务对象的欲望需求千差万别而又不可替代。例如，某些业主会要求停车洗车服务，双职工家庭会要求托幼服务，老弱病残者会要求特殊服务等。

（3）居住水平提高带来需求层次上升

随着居住水平的不断提高，业主的居住行为和生活工作方式也发生了巨大的变化，他们不断地思攀新高，提出服务项目多样化的要求，使服务消费水平处于总体上升趋势，即“需求层次上升”。例如，安装自动防盗装置已经开始替代传统的铁门；人们日常生活中的家务劳作已经开始走向市场，雇用钟点工。

综上所述，综合服务的实质是一个主体化的概念，项目的多样化、服务的全方位具有其内在的必然联系。

二、物业综合经营服务开展的原则

开展综合经营服务项目，要从实际出发，以服务业主和使用人需求为中心。具体选择项目时要遵循以下原则：

（1）日常生活类项目优先。要优先选择“吃、用、穿、行”等日常生活方面的服务项目。如便利店、服装加工干洗店、汽车美容店等。

（2）消费周期短和易损、易耗品的项目优先。对于每天都要用且消费周期短的生活必需品，以及在生活中容易损坏和耗费的物品，要优先选择经营。如食品类、果蔬类、小五金、小家电等。

（3）优势特色项目优先。对于能够充分发挥物业服务企业优势和特长的项目要优先选择。如房屋代租代售、建筑装饰装潢设计与施工等。

（4）中介服务类项目优先。如介绍家政服务、介绍家教服务等，也可优先选择。

三、物业综合经营服务的要求

物业综合经营服务的基本要求是高效优质。在综合经营服务中，业主对劳务的需求虽然多种多样，但归根结底不外乎是对高效优质服务的需求。而高效优质的服务，必须满足下列四个方面的要求：

（1）效用

这是业主对服务者的相应素质和使用价值的需求，它是由服务者的知识、技能或体力转化所带来的实际效果。例如，物业维修服务必须保质保量符合有关标准；环境清洁服务必须做到“五无”等。

（2）方便

这是业主在讲究效用的同时对省力、省时、省麻烦服务的需求，又称对时空效果的需求。例如，报修近便，修得及时，家居生活服务使居民不出门也能得到满足等。

（3）态度

这是业主对服务者行为方式上的需求。为了提供高效优质的服务，服务者必须与业主相互沟通，协调一致，贴心周到，取得信任。国外市场上流行的“顾客总是对的”的信条，说明主动、热情、诚恳、和气的服务态度是劳务成交的前提。

（4）满意

这是业主对于效用、方便和态度的心理感受，也是对所需服务高效优质与否的总体评价。为此，物业服务企业应千方百计地提供“大管家”式的服务，刻意创造一个以物业为中心的有利于业主生活与工作的“微型社会”，通过高效优质的综合服务实现物业管理的服务宗旨。

四、市场调查与预测的基本知识

1. 市场调查的基本方法

(1) 询问法

询问法又称直接调查法。它是以询问的方式作为收集资料的手段，以被询问人的答复作为调查资料依据的调查方法。询问调查法包括意见询问、事实询问以及阐述询问三项内容。

询问调查法按其内容传递方式不同，又可分为访谈调查、电话调查、邮寄调查、留置问卷调查等具体方法。

(2) 观察法

观察法是指调查者通过直接观察和记录被调查者的言行来收集资料的一种方法。通常使用两种方式进行直接观察：

1) 调查人员直接观察。调查者在现场观察和统计，耳闻目睹客户对市场的反应和公开的言行。

2) 利用设备间接观察。调查者利用录音机、录像机、照相机、监测器、测录器等现代化器械，间接对市场中人们的行为进行观察，以收集资料。

观察法所得的资料深入详细，真实性大，较为客观。但是，该法所需时间长、费用大，易受时间和空间条件限制，只能观察到正在发生的现象和一些表面情况，难以探知被调查者的动机、偏好等内在心理活动。

(3) 实验法

实验法是从影响调查对象的若干因素中，选出一个或几个因素作为实验因素，在其余因素不变的条件下，了解实验因素变化对调查对象的影响。实验调查法通常可采用实验求证法和随机尝试实验法两种方式。实验法所得数据比其他方法要精确一些。但由于实验法投资大、周期长，容易丧失市场良机，因此该方法有一定的风险性。

2. 市场调查的重点内容

(1) 物业类型与规模

物业服务企业首先要研究自己所管理项目的类型特点，以便更好地进行市场定位。与一般住宅相比，小户型住宅项目本身需要的配套服务内容要多得多，如自助式洗衣、室内卫生清洁、送餐、健身、会客等；老年公寓或老年住宅项目的需求特点也很突出，必须要提供专门的医疗保健、护理、保姆、娱乐活动服务项目。物业服务企业应当因地制宜，从研究项目的类型出发去把握综合经营服务的范围。

物业项目的规模（主要是入住的人口规模，如果可以就近服务于周边地区，还要把周边的用户人口计算在内）也是影响需求的重要方面。

(2) 服务对象的资料

全面调查与服务对象有关的、影响项目设立的各种因素，其中包括业主和使用人的年龄结构、职业特点、收入水平、生活方式和习惯、社区文化等，如有可能和必要还可以将需求进一步细分。如业主和使用人中有经常在外就餐习惯的人比较多，物业管理区域内就可以设立类型适当的餐馆，甚至提供送餐服务；业主中私家车拥有率比较高，则提供车辆保养、清洗服务会比较受欢迎。

（3）物业项目的地理位置、交通、周边服务设施条件

着重了解项目的地理位置是适中还是偏僻；交通便利与否；周边生活工作环境是否成熟；有没有大型的商场、超市、餐馆以及其他生活服务和商业设施；设施的种类、数量、服务水平、档次、服务半径等能否满足物业管理辖区内和周边社区居民的日常生活需要。因为物业项目都不是完全封闭的，周边如果有比较完善、便利的配套设施，如餐饮、健身、商场、大型超市等，由于规模、品牌、消费心理等方面的影响，物业服务企业再开办同类型服务项目就会有一定的难度，甚至可能因竞争力不足而陷入亏损，所以在立项前一定要对周边已有的经营服务设施的供给情况进行全面调查。

五、物业服务企业选择综合经营服务项目程序

1. 物业综合经营服务项目的市场调查与预测

（1）做好准备工作

1）设定范围。在不影响本物业管理区域业主和使用人的利益、不产生矛盾的前提下兼顾物业周边的市场，同时为区内和区外服务，适度扩大规模，发挥服务潜力，实现规模经济效益。

2）选择操作方式。比较简单的市场调查与预测可以由物业服务企业自己组织人力完成，若进行大规模、复杂的市场调查，则可以考虑聘请专业的咨询公司完成。

（2）进行市场调查

1）考察物业项目的地理位置、交通状况、周边商业服务设施条件。

2）了解物业类型、规模及开展综合经营服务项目的条件。

3）收集服务对象的资料及其服务需求情况。

4）分析物业服务企业自身的优势和条件。

（3）进行市场预测

1）预测经营服务项目的市场需求量

利用调查数据，研究该物业项目服务范围相关服务和产品的社会拥有量和社会饱和点，计算出物业项目服务范围内的购买力和购买指数，分析业主和使用人的社会文化层次、购买心理和潜在竞争因素。

2）对经营服务项目的技术发展进行预测

对新技术、新材料、新工艺、新产品的发展和未来影响进行及时的了解和掌握。

3）对自己经营服务项目的供给数量进行预测

用辐射范围内的市场需求量减去周边设施的接待能力即可得出供给量的缺口。

另外，为了做好综合经营服务项目，物业服务企业还可以开展一些其他方面的市场预测，如市场产品与服务价格预测、市场竞争情况预测以及销售前景预测等。

2. 综合经营服务项目的选择

（1）选择常规项目或进行创新

综合经营服务项目：生活服务类、教育类、医疗保健类、房地产中介代理类。生活服务类：洗染店、干洗店、服装加工店、美容美发室、公共浴室、洗车、汽车美容、净菜加工点、主食加工点、半成品加工点、接送小孩上下学、代聘家教等。

（2）横向合作

物业服务企业可以与教育机构和教育主管部门合作。

（3）优先选择物业服务企业的优势项目

如开展以物业租赁及物业的信托经营为主的中介服务，收取中介费获得收入。

3. 综合经营服务项目位置的确定

（1）选择集中或分散式布局

根据服务项目的等级和服务人口数量，分散与集中布局相结合。规模较大的项目可集中布置，较小的项目则分散布置为宜，可使居民顺道或就近满足所需。

（2）结合道路和交通安全等因素考虑

综合经营服务项目的布局还应考虑到与道路的关系和交通安全问题，一般应结合物业管理区域内及周边的道路、小区出入口、建筑类型、建筑布局方式、建筑形式来选址。商业服务建筑可以布置在小区的中心或沿区内主要道路集中布置，兼顾外部市场的经营服务项目也可在朝向城市道路的住宅楼底层布置，形成“底商”。

（3）避免出现扰民问题

饭店、娱乐场所容易出现扰民问题，应尽量不采取“底商”的布置形式，如必须采取，则需要对经营时间和噪声、油烟排放等特别加以控制。其他排放污染物的经营服务项目也不应靠近住宅布置。地下室作为经营场所要特别慎重，因其容易引发安全问题，更需严格管理。居民区内也不适宜兴办夜市等过于嘈杂的经营项目。

4. 综合经营服务项目策划书的编写

（1）撰写策划书

经过充分的调查研究和准备，最终要将工作的成果汇集到策划书中，对立项进行充分论证。策划书主要内容应包括：

1）目标市场现状分析与预测

要将市场调查与预测的成果反映出来，包括供给与需求分析、服务对象分析、外界影响因素分析等。例如，就经营项目是单纯服务于物业管理区域内部还是同时辐射周边地区要做出取舍，如果选择兼顾区内外，就要对是否会引起业主的不满、是否会导致物业管理秩序混乱或引起其他矛盾、有了矛盾如何疏导等问题做出回答。

2）综合经营服务项目组合设计

列出各项目操作的详细情况，包括服务项目的内容、规模、场地位置落实和经营方式等，其中经营方式可灵活多样，如采取承包制或招标制。

3）发展目标

发展目标可分阶段设定，包括综合经营服务要达到的财务目标和市场营销目标、实现目标的时间期限。所有目标都要表现为量化指标的形式，以便于实际操作后的考评。

4）市场营销策略

为了提高经济效益，综合经营服务项目的策划要尊重市场营销法则，在产品定位、价格与促销手段的应用、合作伙伴的选择等方面要精心设计、博采众长，以使产品和服务在竞争中取胜。例如，在策划书中可以就项目的定价策略进行论证，在低价位、大流量的薄利多销方式和高定价、少而精的方式之间做出适合本项目特点的正确选择，制定合理的收费标准。在经销商户的选择方面，要考察商户的信誉、商誉和以往经营业绩，了解其在社会上和行业内的知名度和美誉度，选择最佳的合作伙伴。

5）开展该组综合经营服务项目所需的条件

包括已经具备的条件和尚需完善的方面，如需企业内部其他部门的配合，还需提出具体建议。

（2）提交领导审批

策划书完成后应提交物业服务企业领导审批，领导批准后方能开始综合经营服务项目的运作。

六、综合经营服务项目组合设计

根据所管住宅小区的中高档定位和业主多为都市白领的特点，为该物业服务企业设计了以下综合经营服务项目组合：

（1）训练有素的家政服务队伍向住户提供周到细致的各类家政服务：室内清洁服务、提供家务助理、家庭需要配送服务、代接送小孩服务。

（2）VIP（贵宾）商务助理：包括代订酒店、会议提示、打字、复印、订机票等。

（3）爱车服务一条龙：代办年检、建立车辆档案、为长期出差在外的业主提供车辆护管服务。

（4）计算机、电器上门维护维修及操作指引服务。

（5）提供装修设计套餐服务。

（6）为每一个有需要的家庭制订“个性化服务计划”。

（7）小区内设有 24 h 便利店，住户可以随时光顾。

（8）为不同年龄阶段的人群设计丰富多彩的社区文化活动。

其中所谓“个性化服务计划”，就是在满足业主共同需求的基础上，同时能够使不同业主的特殊需求得到满足，包括为业主建立健康关注档案、跟踪业主的健康动态、组织业主心理及身体健康状况评估、定期组织身体检查和体质测试、根据业主身体健康情况定期给予饮食、起居、运动方式选择、健康预警等方面的建议或提示等。

七、综合经营服务项目的运作

1. 创造开展综合经营服务的条件

(1) 筹集资金

可以动用企业自有资金，也可以通过银行贷款或集资的办法来解决启动资金的问题。

(2) 准备经营场所

最好是物业服务企业自有的房屋和场地，也可从开发商或业主处租借。具体位置可以在物业项目的中心、入口处或裙房、底层商铺等处。

(3) 配备人力资源和管理机构

要考虑物业服务企业的规模、架构和经营管理能力是否能够达到开展综合经营服务的要求，有没有足够的富有经验的管理人员去策划、运作相关项目，企业的这部分业务能否与常规性服务项目齐头并进甚至相互促进。物业服务企业应该成立专门的综合服务部门负责这部分业务，或由业主服务部或管理部兼管这项工作。

2. 综合经营服务项目的组织和管理

(1) 选择经营方式

物业服务企业可以自己经营多种综合服务项目，可以实行承包制，将自营综合服务项目外包；也可以直接面向社会招标，引进竞争，引进资金，开发综合经营服务项目。

(2) 对服务收费进行监督

物业服务企业在选好承包商，项目开业后，还要对收费是否规范进行抽查监督，避免出现乱收费等问题。

(3) 监控服务质量和环境

无论采取哪种经营方式，物业服务企业都要加强对服务质量的监控。

1) 制定产品质量管理标准。工业企业都有一套完整的产品质量检测系统，物业管理是服务行业，它的“产品”是管理服务的行为，为了保证服务产品的质量也应建立一套规范化的管理标准，对服务行为发生的整个过程实施全面质量管理。管理标准的制定要细化，具有可操作性。

2) 派出专门人员随时掌握综合经营服务项目开展、运行的情况。及时收集业主对服务质量的反馈意见，对服务质量进行跟踪，按照约定的标准从严掌握，对经营者提出改进建议，保证服务水平的不断提高。

3) 加强环境监控。采取实际措施避免经营中出现扰民现象，例如，对产生油烟、噪声、异味的经营项目进行环境污染治理或限制其营业时间，对大量货物的进出规定限制措施或调整其出入口等。

(4) 服务效果考评

考评是检验经营服务项目运作状况的主要方法，有助于修改完善原有方案，为下一阶段的工作提供依据。

1）定期对承包的商户或专业企业进行考核。评价商户的工作业绩，还要对全部经营服务项目的经营效果进行评估。考评分为内部和外部两个部分，内部考评是物业服务企业内部自评，按照策划书中原定的发展目标进行检验评价，外部考评是在业主中进行调查，收集反馈意见并将其汇总列入考评指标中。考评不仅要注重经营项目的经济效益，还要综合考虑其社会效益和环境效益。

2）按照考评结果挑选专业公司和承包商。考评能够帮助物业服务企业按照市场竞争、优胜劣汰的原则重新选择专业企业、经营者和承包商，面对不断变化的需求与周边同类项目的竞争态势对经营服务项目进行微调或者结构性调整。

3）适时对项目进行调整。及时发现问题，定期总结经验，并随着时间的推移和需求的变化，淘汰那些针对性不强、使用频率很低的项目，代之以更受业主欢迎、效益好的项目，以使有限的空间发挥最大的效益。

4）总结经营服务项目的整体工作状况。考评中还应对经营服务项目的竞争态势做出总结。要分析自身的优势和劣势，形成特色，丰富企业形象，同时主业不能受干扰，避免主次不分。

5）培养核心竞争力。要在运作中培养企业的核心竞争力，应辨别主要的竞争对手，就其提供服务的规模、目标、质量、营销策略、特色、市场份额等方面进行分析，特别是超市、美容美发、餐饮等竞争比较激烈的服务项目更应经常调整，列出应对竞争的措施，必要的时候可以采取联合的方式，扬长避短，优势互补。

思考与练习

1. 开展综合经营服务项目，市场调查的内容侧重哪些方面？
2. 开展综合经营服务项目的原则包括哪些？
3. 如何确定综合经营服务项目的位置？
4. 根据你所在的小区的特点，设计综合经营服务项目。

第 2 节　物业社区文化建设

一、社区文化

1. 社区文化的内涵

从物业管理的角度来审视社区文化，社区文化应该是一个较为宽泛的概念。社区文化是在一定的区域范围内，在一定的社会历史条件下，社区成员在社区社会实践中共同创造的具有本社区特色的精神财富及其物质形态。

2. 社区文化的内容

社区文化是一定区域、一定条件下社区成员共同创造的精神财富及其物质形态，它包括文化观念、价值观念、社区精神、道德规范、行为准则、公众制度、文化环境等，其中价值观是社区文化的核心。

社区文化不可能离开一定的形态而存在，这种形态既可以是物质的、精神的，也可以是物质与精神的结合。具体来说，社区文化可以包括环境文化、行为文化、制度文化和精神文化四个方面。

（1）环境文化

环境文化是社区文化的第一个层面。它是由社区成员共同创造维护的自然环境与人文环境的结合，是社区精神物质化、对象化的具体体现。它主要包括社区容貌、休闲娱乐环境、文化设施、生活环境等。通过社区环境，可以感知社区成员理想、价值观、精神面貌等外在形象。如残疾人无障碍通道设施可以充分体现社区关怀、尊重生命、以人为本的社区理念。当然，怡人的绿化园林、舒心的休闲布局、写意的小品园艺等都可以营造出理想的环境文化氛围。现在很多社区积极导入环境识别系统（CIS），用意也基于此。

（2）行为文化

行为文化也可以被称为活动文化，是社区成员在交往、娱乐、生活、学习、经营等过程中产生的活动文化。通常所说社区文化都是指这一类的社区文化活动。这些活动实际上反映出社区风尚、精神面貌、人际关系范式等文化特征。如儿童节晚会、国庆节联欢会、新年音乐会、文化节、趣味家庭运动会、游泳比赛、新春长跑等。

3. 制度文化

制度文化是与社区精神、社区价值观、社区理想等相适应的制度、规章、组织机构等。制度文化对保障社区文化持久、健康地开展具有一定的约束力和控制力。

制度文化可以粗略地分为两大类：一类是物业服务企业的各种规章制度，另一类是社区的公共制度，二者都可以反映出社区价值观、社区道德准则、生活准则等。如奖罚分明可以体现在社区的严谨风格，规劝有加可以体现出社区的人性感悟等。为保障社区文化活动深入持久地开展下去，现在很多小区物业管理部门都成立了专门社区文化部，负责社区文化活动建设工作。社区文化部在引导、扶植的基础上成立各种类型的社区文化活动组织，如老年活动中心、艺术团、书法协会、模特表演队等，同时还对社区文化活动开展的时间、地点、内容、方式、程序等予以规范。

4. 精神文化

精神文化是社区文化的核心，是社区独具特色的意识形态和文化观念，包括社区精神、社区道德、价值观念、社区理想、行为准则等。这是社区成员精神观、价值观、道德观生成的主要途径。环境文化、行为文化、制度文化都属于精神文化的外在体现。如社区升旗仪式、评选文明户、学雷锋演讲等。

5. 社区文化的特点

（1）社区文化有着浓郁的企业化色彩

社区管理者主观推动，企业在社区文化建设中扮演着重要的角色。在物业管理对小区实施一体化管理之后，物业服务企业成了社区文化的组织者、创造者与传播者。

（2）社区文化建设有潜在的功利性

物业服务企业借此推动物业管理，节约劳动成本，提高工作效率。社区文化旨在改变问题住户，创造理想住户。

（3）社区文化具有理想化和世俗化的特征

社区成员以效率和效能作为衡量与评价日常生活的标准，对事件的处理不太强调邻里个人感情，而以利益为基本准则。人们讲究实效，讲究实惠，注重切身利益，重视实实在在的好处。社区成员的人格往往呈孤独的、冷漠化的态势。

（4）社区文化具有开放性特征

这种开放性特征一方面表现为社区文化的手段对社区外的依赖，另一方面则表现为社区成员对区域外各种文化的吸纳。同时，社区成员的文化需求呈多元性，而多元化的形成除了因年龄、素质、兴趣等因素之外，跟社区文化的内外撞击有很大的关系。

二、物业管理与社区文化建设

1. 通过社区文化建设，可以增强住户对居住区的归属感

市场竞争环境日趋激烈，物业服务企业在注重高水平服务的同时，也应不断加强社区文化的“感情投资”，通过各种形式和渠道增强住户对社区的归属感和凝聚力。

2. 以社区文化架起小区文明的“桥梁”

物业管理应以优质服务、文明家庭、文明居住区等系列社区活动，将居民的实际利益、思想感情与住区文明的“桥梁”把小区内各种职业、性格的住户和社会团体，形成一条以居住区为依托、共同为居民服务、发挥各自功能的纽带，即建立良好的社区秩序，也促进了居民身心健康和文明素质的提高，形成奉献爱心、尊老爱幼的良好社会风气。

3. 有助于物业服务企业锻造品牌与核心竞争力

社区文化活动的组织，对于提高小区的档次、形成小区的格调均有重要作用。“物以类聚，人以群分”，只有形成高档次高格调的小区文化氛围，才有可能吸引高层次的业主，而拥有高层次和高品位的人群，即是强有力的潜在消费群，同时又可以提高小区的格调，相得益彰，起到良性循环的作用。如果我们可以在各社区内建立起一种良好的氛围——住户与住户之间以及住户与物业管理者之间彼此能够良好相处，相互关怀，把社区看做自己的大家庭。那么这样一种既有整体的统一性，同时每个小区又有着自己独立特色的、和谐、融洽的社区氛围，将会成为物业服务企业品牌的重要附加值。

4. 社区文化工作是我们为业主提供的一项重要的增值服务

一家物业拥有良好的生活方式、文化氛围和文化底蕴，会使该物业的品牌知名度和品牌美誉度得到更进一步的提升，给物业注入一种强大的文化内涵。而这种文化内涵将成为物业的“灵魂”，成为该物业的特有标志。文化具有巨大的无形资产，当这种无形资产转移到物业之中，就会带来物业的增值。

三、物业公司及业主在社区文化建设中的角色定位

1. 物业公司的角色定位

物业公司的角色从长远来说，应当逐步从社区活动的组织者过渡到社区文化的协调者与引导者，社区文化最终应逐渐发展为以业主为主，自发开展的自主式和自助式社区文化活动。

（1）自主式社区文化：逐步将业主委员会也吸引到社区文化的建设中来，从业主自身的角度出发，尝试采取业主自主、管理处配合的方式开展一些社区文化活动，增强业主们的参与感和成就感，有利于顾客满意度的提高，同时也能引领社区文化的时代潮流。

（2）自助式社区文化：将在某方面具有一定特长的业主组织起来，组成社区的某种社团（如合唱团、足球队、英语沙龙等），定期进行交流，可以提高业主参与社区文化活动的积极性，既能保证活动的频率及适合性，又减轻部门组织工作的压力。

2. 开发商的角色定位

开发商在未来的社区文化建设中所应承担的角色，主要是在社区前期规划及配套设施方面。开发商应充分考虑未来的社区文化开展需求，把社区文化渗透到居住环境的设计中去。如社区整体建筑风格的设计、客户（业主）的社会层次定位，同时还包括社区内各项配套设施，如休闲场所等。使社区不仅成为建筑文化和景观文化的展示地，同时也是社区文化发展的舞台。

3. 业主的角色定位

业主不仅是社区文化的参与者和受益者，更是社区文化的创造者。社区文化建设的一个重要目标就是要在社区成员中确立共同的价值目标，使全体社区成员增进对社区的认同感和归属感，共同建设新社区。而这种感召力和生命力正是来自于社区成员对社区文化的高度认同和踊跃参与。社区中部分热衷于文化活动的积极分子自然组合所形成的文化团队是社区文化建设队伍的雏形和有形体现，正是这些互利性、公益性、非营利性民间团队组织在社区中的活动，吸引了其他业主对文化活动的参与，并逐步形成社区的文化氛围。从一定意义上讲，这些团队活动的内容和形式，活动的规模和质量，是社区文化建设的重要标志。

社区成员的参与度是社区文化建设的一个重要指标，没有社区成员参与的文化生活，有再好的动机、再新的创意、再大的投入也只能是无用之功。

思考与练习

1. 什么是社区文化，社区文化包括哪些内容？
2. 请阐述物业管理与社区文化建设的关系。
3. 简述开发商在社区文化建设中角色定位。